GRADED
SPANISH READER

Primera etapa
ALTERNATE

GRADED
SPANISH READER

Primera etapa
ALTERNATE

Second Edition

JUSTO ULLOA
Virginia Polytechnic Institute and State University

LEONOR ÁLVAREZ DE ULLOA
Radford University

D. C. Heath and Company
Lexington, Massachusetts   Toronto

Acquisitions Editor: Denise St. Jean
Developmental Editor: José Blanco, Gina Russo
Production Editor: Janice Molloy
Designer: Judith Miller
Production Coordinator: Mary Taylor
Photo Researcher: Mary Stuart Lang
Text Permissions Editor: Margaret Roll

Cover: Diego Rivera, Mexican 1886–1957. "Mesa and Cacti 1930"
Watercolor 12 1/2" × 19" Accession No. 31.24 ©The Detroit Institute
of Arts, City of Detroit Purchase.

International Standard Book Number: 0–669–20351–3

Library of Congress Catalog Number: 90–80598

10 9 8 7 6 5 4 3 2 1

To Sandra and Justin

PREFACE

Graded Spanish Reader, Primera etapa, Alternate, Second Edition, is a literary reader designed to introduce beginning- to intermediate-level college students to the rich and exciting literature of the Hispanic world. Adopted by major universities and colleges throughout the United States, this text has also proven to be an effective teaching tool at the high school level. The readings selected for this edition, presented in order of difficulty, include poems, legends, short stories, a mini-drama, and a one-act play, authored by key Hispanic literary figures such as Neruda, García Márquez, Storni, Quiroga, Solórzano, Laforet, and Borges. Each selection was chosen for its intrinsic merit and its relevance in the overall context of each writer's work, as well as for its linguistic accessibility.

A carefully crafted sequence of prereading activities for each selection promotes vocabulary development, anticipation of content, and transfer of students' native language reading skills to authentic texts in Spanish. Background information concerning each author and his or her work further facilitates the reading process. Follow-up activities, including comprehension checks, discussion questions, and writing assignments, are designed to lead students in a careful progression from understanding to interpreting, and finally, to personalizing the selections' content. Other important features of this reader are brief reviews of grammatical structures pertinent to comprehension of the readings and related practice activities that reinforce both the structures and the key vocabulary presented in each Basic Vocabulary list.

NEW TO THE SECOND EDITION

In this major revision, approximately one-fourth of the selections included in **Graded Spanish Reader, Primera etapa, Alternate,** have been changed, resulting in an even broader representation of important Spanish-language literary figures. Significant improvements to existing features and features entirely new to the Second Edition include:

- Expanded background information on each author and selection in the introduction to each of the reader's four parts

- Basic Vocabulary lists preceding each reading to introduce words and phrases essential to comprehension and discussion of the selections

- Vocabulary development activities designed to familiarize students with these key words prior to reading

- Prereading activities that enable students to anticipate the content and main ideas of each selection

- An expanded Study Guide section designed to promote transfer of native-language reading skills to Spanish-language reading tasks

- An expanded Communicative Activity section designed to enhance discussion of each selection and personalization of the reading experience

ORGANIZATION OF THE TEXT

Graded Spanish Reader, Primera etapa, Alternate, Second Edition, is divided into four parts arranged sequentially according to the degree of difficulty of the grammatical structures and vocabulary presented in the readings. Key criteria employed in choosing the selections in this edition were: potential interest to students; balance in the representation of authors from the various areas of the Spanish-speaking world and among male and female Hispanic literary figures; significance of the text in terms of the complete works of each author; and the linguistic accessibility of the text even to introductory-level students.

Each part begins with an overview of its authors and works, followed by a Study Guide section that presents strategies for approaching the readings. The Prereading Activities section presents and practices the Basic Vocabulary found in the reading, and develops awareness of cognates and the general rules of word formation in the Spanish language and their usefulness in the reading process. The final activities in this section anticipate the selection's content and reinforce vocabulary.

Following each reading is a set of Postreading Activities. The Reading Comprehension section opens the activities with a variety of nonthreatening exercises in multiple choice, true-false, and short-answer format to verify students' understanding of the essential details of the selection's content. The Structures section again reinforces basic vocabulary from the reading. It also offers brief explanations, largely in the form of charts and tables, of the high-frequency structures of Spanish featured in the text that require systematic review and emphasis because of the difficulties they pose for native speakers of English. Follow-up exercises are provided for those students who want to verify their control of each structure prior to proceeding to the more open-ended activities. Instructors may also wish to refer students to the Structures section for quick review before assigning the reading. In the Writing Practice activity, students are asked to summarize or react to the selection, drawing upon a list of key words and phrases from the text. Finally, the Communicative Activity section provides a variety of discussion topics suitable for pair, small-group, or whole-class work. These open-ended activities allow for analysis of the selection's content, expression of personal opinions or experiences related to the reading, and generalization of some of the selection's key ideas.

At the end of each of the reader's four parts, a Review Exercise reinforces key vocabulary in context and also recalls the main ideas and themes from those particular readings.

Naturally, instructors will not have the time or the need to use all the exercises and activities provided for each selection or part. Our reason for including a wide array of supporting material was, instead, to make each selection accessible to at least some degree even to those students in the earliest stages of their study of Spanish, and to enable instructors to accommodate the disparate needs, ability levels, and learning styles most commonly encountered in the classroom.

ACKNOWLEDGMENTS

For their insightful comments regarding the content and organization of the first edition of **Graded Spanish Reader, Primera etapa, Alternate,** and their many useful suggestions for its improvement, we are especially grateful to: Carlo DiMaio, Southeastern Louisiana University; Daniel Scroggins and Christiane Wilson, University of Missouri, Columbia; and Kenneth Stackhouse, Virginia Commonwealth University. We are also particularly grateful to the entire production staff at D. C. Heath and Company, and to José Blanco, our editor, whose close reading of the manuscript helped carry us through this second edition.

Justo Ulloa

Leonor Álvarez de Ulloa

CONTENTS

PART THREE

PART FOUR

PART ONE

---◦∙◦❖◦∙◦---

Part One contains a short story, three short poems, and a mythological narrative. Without altering the plot of the originals, the selections included in this section have been carefully edited and structured to allow you to begin reading near the end of your first semester of Spanish, or even during the first weeks of the course. In order to facilitate comprehension, the vocabulary has been simplified and systematically reused, while difficult grammatical constructions have been modified and replaced with familiar forms. The exercises have been designed to reinforce the vocabulary and structures presented in each of the readings.

The first selection, *Un Stradivarius*, by the Mexican novelist, critic, and statesman, Vicente Riva Palacio (1832–1896), is an engaging tale about greed. Narrated in the present tense and making use of a carefully controlled vocabulary, it is deceptively simple and surprisingly deceptive: the story's characters are not what they seem to be.

Hombre pequeñito, by the feminist Argentinian poet Alfonsina Storni (1892–1938), *La perla de la mora*, by the Cuban writer José Martí (1853–1895), and *El árabe hambriento*, by the Spanish intellectual Juan Eugenio Hartzenbusch (1806–1880) are the titles of the three poems. They all deal in some form or another with the theme of disillusionment. *Hombre pequeñito* is about the complexities of human relationships. You will be surprised to see how well *La perla de la mora* and *El árabe hambriento* complement each other.

Los ticunas pueblan la tierra, by the Colombian anthropologist Hugo Niño (1947), is the creation myth of a South American

Indian tribe from the Amazonian basin. Niño's effort to revive the dying folklore of Latin America's indigenous cultures resulted in the book, *Primitivos relatos contados otra vez,* which in 1976 was awarded one of the coveted literary prizes from Casa de las Américas in Cuba. The narrative included here has been adapted from the original version published in Niño's collection.

STUDY GUIDE

Before you begin working with the selections in this unit, you should complete several activities which will make the reading easier and more profitable, and will prepare you for class discussion.

1. Begin with the Prereading Activities, paying particular attention to the Vocabulary exercises and to the Cognates and Word Formation section. Apply these rules to words you encounter as you read, and try to guess the meaning of unfamiliar words by observing how they are used in context. You should also scan the selections to grasp the main point of each reading.

2. Before reading *Un Stradivarius,* review the following grammar points covered in the exercises at the end of this selection: the present tense, the formation of negative sentences, the contractions **al** and **del,** direct and indirect object pronouns, the verb **gustar,** and possessive adjectives.

3. Review **ser** and **estar** and the uses of the preterit and imperfect tenses before reading the three poems. Before reading *Los ticunas pueblan la tierra,* review the following points of grammar at the end of this selection: the preterit, imperfect and pluperfect tenses; the past progressive; reflexive verbs; and the demonstratives.

4. Review the grammar points covered in each section before doing the Writing Practice. The purpose of this composition exercise is to practice the vocabulary and grammatical structures you have learned.

5. In preparation for the Communicative Activity at the end of each section, write down your thoughts on the topic you have chosen for discussion, and practice them aloud several times to improve your oral skills.

Un Stradivarius

VICENTE RIVA PALACIO

BASIC VOCABULARY

Nouns

la **caja**   case, box
la **iglesia**   church
el **lugar**   place
el **peso**   unit of Mexican currency

el **traje**   suit
la **tienda**   store
la **verdad**   truth
la **vez**   time

Verbs

dejar   to leave, to let
enseñar   to show
esperar   to hope, to expect
ganar   to make, to earn
gustar   to be pleasing
  le gusta   he/she likes
hay   there is, there are

parecer (zc)   to seem, to look
pensar (ie)   to think
poder (ue)   to be able
poner   to put, to place
tocar   to touch, to play
valer   to be worth, to cost

Adjectives

antiguo(-a)   antique, ancient

rico(-a)   rich

Other Useful Words

alguien   somebody, someone
alguno   some
nadie   no one

ninguno   none
nuevamente   again
tampoco   either, neither
todavía   yet

(continued)

4

Useful Expressions

bien vestido(-a) well
  dressed

lo que what

otra vez again

por última vez for the
  last time

preguntarle si ask
  him/her whether

sacar to remove, to take
  out

tener cuidado to be
  careful

ya no no longer

VOCABULARY USAGE   ? opposites ?

A. Select the word in *Column B* most closely related to each term
   in *Column A*.

A	B
1. _f_ alguien	a. caja
2. _h_ rico	b. hijo
3. _a_ violín	c. esposa
4. _b_ padre	d. hora
5. _g_ verdad	e. joven
6. _c_ esposo	f. nadie
7. _e_ viejo	g. mentira
8. _d_ minutos	h. dinero

B. Write complete sentences of your own, using the following
   expressions.

1. tener mucho dinero
2. no comprar nada
3. lo que desea
4. estar contento
5. tener que + *infinitive*
6. tener cuidado
7. parece ser bueno
8. inspeccionar con cuidado
9. unos días después
10. sacar de
11. no ser nada malo
12. ir a ganar
13. no hay cuidado
14. estar contento

C. Complete the following paragraph, filling in the blanks with the appropriate words from the list below.

gusta   pagar   dinero
van   rico   música
tienda   es

Don Samuel tiene una _____. El _____ un hombre muy _____, pero no le _____ gastar su _____. Los domingos, él y su familia _____ a Chapultepec porque les gusta mucho la _____ y allí no tienen que _____ nada.

COGNATES AND WORD FORMATION

Cognates are words that are spelled the same or nearly the same in Spanish and English. They often, but not always, carry the same or a similar meaning in both languages. There are exact cognates and approximate cognates.

melodrama   *melodrama*
presidente   *president*

Some cognates are almost identical, except for a written accent mark, or a change in a consonant or vowel.

álgebra   *algebra*
inteligente   *intelligent*
activo   *active*

Many words ending in **-cia** or **-cio** in Spanish are equivalent to those that end in *-ce* or *-cy* in English.

importancia   *importance*
tendencia   *tendency*
silencio   *silence*

Guess the English cognates of the following words in *Un Stradivarius*.

1. general
2. familia
3. palacio
4. música
5. minuto
6. antiguo
7. teatro
8. inspeccionar
9. persona
10. violín
11. contento

TAKE A GUESS

Which phrases do you associate with the following descriptions?

1. Don Samuel tiene una esposa, una hija y un hijo.

2. Don Samuel tiene un negocio donde vende muchas cosas a sus clientes.

3. El violinista toca en el Palacio de Bellas Artes.

4. Es un objeto práctico que sirve para saber la hora.

5. Es un instrumento musical de cuerdas.

6. Hay mucha música, familias, flora, fauna y diversiones en este lugar que se llama Chapultepec.

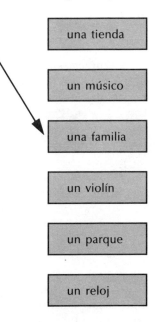

una tienda

un músico

una familia

un violín

un parque

un reloj

USING VOCABULARY IN CONTEXT

Fill in the blanks with the appropriate words from the list below. Make sure the paragraphs make sense.

dinero	relojes	hombre
violín	parque	música

Un músico muy pobre que trabaja en un _____ de diversiones vende su _____ en la tienda de un rico _____ de negocios porque necesita _____. En la tienda hay muchos _____ y objetos prácticos, pero no hay muchos instrumentos de _____.

Un Stradivarius
VICENTE RIVA PALACIO

I

Don Samuel es un señor muy rico. Tiene mucho dinero. Tiene una tienda. La tienda de don Samuel está en México. Es una de las tiendas más ricas de México. En México hay otras tiendas como la tienda de don Samuel, pero no tan ricas.

5   En su tienda don Samuel tiene muchas cosas. Don Samuel tiene mucho dinero porque vende muchas cosas en su tienda a las personas ricas de México.[1]

Don Samuel está todo el día en su tienda. Como es un señor que tiene mucho dinero, también tiene muchos amigos. Algunos
10 de sus amigos van a su tienda todos los días. Otros amigos van muy poco a su tienda. Pero todos los días hay uno o dos amigos en la tienda de don Samuel. Algunas personas dicen que estos señores no son amigos de don Samuel, sino de su dinero. Pero nadie sabe la verdad.

15   Como don Samuel es un señor muy rico, todos los días muchas personas van a su tienda para tratar de venderle muchas cosas. Pero don Samuel les dice que él no tiene dinero.

II

En la familia de don Samuel hay cuatro personas: él, su esposa, su hijo y su hija. La esposa de don Samuel tiene muchas amigas.
20 Algunas de las amigas de la señora van con ella a la tienda de su esposo. Por lo general, ninguna compra nada.[2] Los hijos de don Samuel también tienen muchos amigos. Dice don Samuel que sus hijos sólo van a la tienda cuando no tienen dinero.

Don Samuel va con su familia a Chapultepec.[3] Allí siempre
25 hay muchas personas y don Samuel y su familia están muy contentos. Siempre están muy contentos cuando están allí porque hay música. A don Samuel le gusta mucho la música. También

---

[1]**México** Ciudad de México   [2]**ninguna... nada** none buys anything
[3]**Chapultepec** suburb southwest of Mexico City; site of a palace and park

le gusta ir a Chapultepec porque allí no paga. A su esposa le gusta ir a Chapultepec porque a ella también le gusta la música. A la esposa y a los hijos de don Samuel también les gusta ir al teatro. A don Samuel no le gusta ir al teatro porque allí él tiene que pagar. Van al Palacio de Bellas Artes, o a algún otro teatro 5 de los muchos que hay en México. El Palacio de Bellas Artes es el teatro que más les gusta a los hijos de don Samuel. También es el teatro que le gusta más a su esposa. Les gusta porque es el teatro de México donde siempre hay muchas personas ricas. El hijo y la hija de don Samuel siempre van a ese teatro. 10

III

Un día un señor va solo a la tienda de don Samuel. Cuando ve a este señor, don Samuel le dice:

—¿Qué desea usted?

—Sólo deseo ver algunas cosas para una iglesia.

—Tengo todo lo que usted desea. Yo vendo muchas cosas a 15 todas las iglesias de México. ¿Desea usted ver otras cosas también?

—No; sólo deseo ver algo para una iglesia. Tengo un tío muy rico en Guadalajara[4] que desea algo para una iglesia.

—¿No le gustan estas cosas que tengo aquí?

El señor que está en la tienda de don Samuel y que desea 20 las cosas para la iglesia de Guadalajara es músico. Como es músico no es rico ni tiene dinero. Tiene un traje muy viejo. Este señor no parece estar muy contento.

El músico tiene en la mano un violín. El violín está en una caja muy vieja. A don Samuel no le gusta mucho el traje del 25 músico, pero no le dice nada porque desea venderle algo. Cuando ve la caja del violín en la mano del músico le dice:

—¿Es usted músico?

—Sí, señor.

—A mí me gusta mucho la música. Siempre voy con mi 30 familia a Chapultepec porque allí siempre hay música. ¿Le gusta a usted la música de Chapultepec?

—Sí, señor, me gusta mucho.

---

[4]**Guadalajara** city in western Mexico; capital of the state of Jalisco

—A mí y a mi esposa también nos gusta, pero a nuestros hijos no les gusta. ¿Tiene usted hijos?

—No, señor, no tengo hijos.

Después de decir esto sobre la música, don Samuel le enseña
5 al músico algunas cosas para las iglesias. Al músico le gustan algunas de las cosas que le enseña don Samuel. Después de verlas muy bien y de decirle a don Samuel cuáles son las cosas que le gustan, pone algunas de ellas en una caja que tiene don Samuel en su tienda. El músico necesita la caja porque tiene que mandar
10 las cosas a Guadalajara. Después de algunos minutos le dice el músico a don Samuel:

—Deseo estas cosas, pero antes quiero escribirle a mi tío que está en Guadalajara porque no tengo dinero aquí para pagar ahora.

15 —¿Va usted a escribirle a su tío ahora?

—Sí señor, voy a escribirle ahora porque mi tío desea estas cosas para la iglesia de Guadalajara antes de cuatro o cinco días.

—Muy bien. ¿Desea usted todas las cosas en esta caja?

—Sí, señor, mi tío va a pagarle por ellas.

20 Después de decir esto el músico mira otra vez las cosas que tiene en la caja. Unos cuantos[5] minutos después le dice a don Samuel:

—¿Puedo dejar este violín aquí en su tienda por uno o dos días?

25 —Sí, señor, puede dejarlo aquí en mi tienda.

—¿Dónde lo puedo poner?

—Aquí.

—Debe tener mucho cuidado con mi violín. Es un violín muy bueno y siempre tengo mucho cuidado con él porque es el único
30 que tengo.[6]

—Sí, voy a tener mucho cuidado con él. En mi tienda nadie toca las cosas que no son suyas.[7]

Don Samuel pone el violín en un lugar donde se puede ver[8] y le dice al músico:

35 —Allí está bien.

—Sí, allí en ese lugar parece estar muy bien.

El músico deja su violín en la tienda de don Samuel. Don

---

[5]**unos cuantos** a few   [6]**es... tengo** it is the only one I have
[7]**suyas** his/hers   [8]**donde... ver** where it can be seen

Samuel mira el violín y piensa: «Este violín es muy viejo y no parece ser muy bueno. Pero no le puedo decir a un señor tan bueno como éste que no lo deseo tener aquí en la tienda por unos cuantos días. Después de todo, no me va a costar nada tener aquí esa caja tan vieja». Después de pensar en esto, toma el violín, 5 lo inspecciona con cuidado y lo pone nuevamente en su lugar.

IV

Dos días después, entre las muchas personas que van a la tienda de don Samuel, llega un señor un poco viejo. Es un señor muy rico y bien vestido que desea un reloj para su esposa. Don Samuel le enseña muchos relojes. Después de ver algunos, el señor rico 10 toma uno de ellos y le dice a don Samuel:

—¿Cuánto desea usted por este reloj?

—Cincuenta pesos.

—¿Cincuenta pesos? No, cincuenta pesos es mucho dinero.

El señor rico mira otros relojes, pero ninguno le gusta. 15 Cuando mira los otros relojes, también ve la caja vieja del violín del músico. Como ve una caja tan vieja entre tantas cosas tan buenas, le pregunta a don Samuel:

—¿También vende usted violines? ¿Tan bueno es que está en una caja tan vieja? 20

—Ese violín no es mío. Ese violín en esa caja tan antigua es de un músico.

—¿Puede usted enseñármelo? A mí me gustan mucho los violines.

Don Samuel toma la caja y la pone en las manos del señor 25 rico. Éste saca el violín de la caja. Después de mirarlo con mucho cuidado lo pone en la caja y dice:

—Ese violín es un Stradivarius, y si usted desea venderlo le pago ahora seiscientos pesos por él.

Don Samuel no dice nada. No puede decir nada. No dice 30 nada pero piensa mucho. Piensa en el dinero que puede ganar si le vende el violín del músico a este señor por seiscientos pesos. Pero el violín no es de él todavía y no lo puede vender. Piensa en pagarle al músico unos cuantos pesos por él. El músico no es rico ni tiene dinero. El traje del músico es muy viejo y le puede 35 pagar por el violín con un traje. Y si no desea un traje, le puede pagar hasta trescientos pesos. Si paga trescientos pesos por el violín y se lo vende al señor rico por seiscientos, gana trescientos pesos. Ganar trescientos pesos en un día no es nada malo. No todos sus amigos pueden ganar trescientos pesos en un día. Después de pensar en esto por algunos minutos dice:

5 —El violín no es mío, pero si usted desea yo puedo hablar con el músico y preguntarle si desea venderlo.

—¿Puede usted ver a ese señor? Deseo tener un Stradivarius y puedo pagar mucho dinero por éste.

—¿Y hasta cuánto[9] puedo pagarle al músico por su violín?

10 —Puede pagarle hasta mil pesos por él. Y yo le pago cincuenta pesos más para usted. Dentro de dos días deseo saber si el músico vende o no vende su violín, porque deseo ir a Veracruz[10] y no puedo estar aquí en México más de tres días.

Cuando don Samuel ve que el señor rico quiere pagar mil 15 pesos por el violín, no sabe qué decir. Sólo piensa en los trescientos pesos o más que va a ganar. También piensa en el músico. Piensa que el músico no sabe que tiene un Stradivarius. Y ahora sólo desea ver al músico otra vez, para preguntarle si quiere vender el violín.

20 El señor rico se va de la tienda. Don Samuel, después de unos minutos, toma el violín con mucho cuidado y lo pone en la caja vieja. Después piensa otra vez en lo que va a ganar.

V

Al día siguiente el músico regresa a la tienda de don Samuel. Le dice que todavía no sabe nada de su tío en Guadalajara, pero 25 que espera saber algo dentro de uno o dos días más. También le dice que quiere su violín. Don Samuel toma el violín y lo pone en las manos del músico. Unos minutos después le dice:

—Si no sabe usted nada de su tío todavía, no hay cuidado;[11] puede dejar aquí esas cosas unos días más. También quiero decirle 30 que si desea vender su violín yo tengo un amigo a quien le gusta mucho la música y desea tener un violín. ¿Dice usted que este violín es bueno?

—Sí, señor, es muy bueno y no lo vendo.

---

[9]**hasta cuánto** up to how much, what is the most [10]**Veracruz** seaport on the eastern coast of Mexico [11]**no hay cuidado** there's no cause for concern

—Pero yo le pago muy bien. Le doy a usted trescientos pesos
por su violín.

—¿Trescientos pesos por mi violín? Por seiscientos pesos no
lo vendo.

—Le voy a dar los seiscientos pesos. 5

—No, señor, no puedo vender mi violín.

Don Samuel, cuando ve que el músico no desea vender el
violín por seiscientos pesos, le dice que le da seiscientos cincuenta
pesos. El músico después de pensar unos cuantos minutos, dice:

—¿Seiscientos cincuenta pesos por mi violín? Yo no tengo 10
dinero ni soy rico. Este violín es todo lo que tengo y no lo puedo
vender por seiscientos cincuenta pesos. Pero si usted me da ochocientos pesos... ochocientos pesos ya es algo.

Don Samuel, antes de decir que sí, piensa por algunos minutos: «Le pago ochocientos pesos a este músico y lo vendo por 15
mil al otro señor. Me gano doscientos pesos. También gano los
cincuenta pesos más que me va a dar el señor. Ya son doscientos
cincuenta pesos que gano. No está mal ganar todo esto en sólo
un día. Ninguno de mis amigos puede ganar tanto dinero como
yo en un día». Después de pensar en esto, le dice al músico: 20

—Aquí están los ochocientos pesos.

Don Samuel saca de una caja ochocientos pesos y se los da
al músico. Éste toma el dinero y dice:

—Este dinero es todo lo que tengo. Para mí ochocientos pesos
es mucho dinero. Pero ahora ya no tengo violín. Ya soy rico, 25
pero ahora no soy músico.

El músico mira su violín por última vez y se va muy contento,
sin pensar en pagar las cosas de su tío de Guadalajara con los
ochocientos pesos. Don Samuel, como está tan contento por tener
el violín, tampoco le dice nada al músico sobre esto. 30

Don Samuel espera todo el día al señor rico que va a pagar
mil pesos por el violín, pero el señor no viene a la tienda. Espera
otro día y tampoco llega. Espera dos días más y tampoco. Después
de esperar seis días, don Samuel ya no está muy contento y piensa
que el señor de los mil pesos no va a llegar nunca. 35

Pero cuando piensa que tiene un Stradivarius, está contento
porque dice que ninguno de sus amigos tiene un violín tan bueno.
Cuando está solo en la tienda, don Samuel toma el violín en sus
manos, lo inspecciona con mucho cuidado y dice: «No todos
pueden tener un Stradivarius como yo. Yo no soy músico, pero 40

me gusta tener un violín tan bueno como éste. Y si deseo, puedo venderlo y ganar mucho dinero».

Un día llega a la tienda de don Samuel un músico que es amigo de él. Este músico sabe mucho de violines.

5 —¿Qué piensa usted de este violín?—le dice don Samuel, y toma la caja para enseñarle el Stradivarius a su amigo.

El músico toma el violín en sus manos, lo inspecciona con mucho cuidado y le dice a don Samuel:

—Don Samuel, este violín es muy malo; no vale más de cinco
10 pesos.

—Pero amigo mío, ¿qué dice usted? ¿que este violín es muy malo? ¿que no es un Stradivarius?

—Don Samuel, si este violín es un Stradivarius yo soy Paganini.[12] Este violín no es un Stradivarius ni vale más de cinco
15 pesos,—le dice el músico por última vez.

Desde ese día don Samuel ya no está tan contento como antes. Siempre piensa en los ochocientos pesos del violín. Ya no va a Chapultepec con su familia porque ya no le interesa la música. Cuando ve los violines de los músicos piensa en sus ochocientos
20 pesos. Pero siempre tiene el violín en su tienda. A todos sus amigos se lo enseña y les dice:

—Esta lección de música vale para mí ochocientos pesos.

POSTREADING ACTIVITIES

I–III

READING COMPREHENSION

A. Select the word or phrase that best completes each statement according to *Un Stradivarius*.

1. Don Samuel tiene mucho dinero porque
   a) no hay tiendas ricas.
   b) su tienda está en México.
   c) su tienda vende muchas cosas a las personas ricas.

---

[12]**Paganini** famous Italian violinist and composer

2. A don Samuel le gusta mucho ir a Chapultepec con su familia porque
   a) a ellos les gusta mucho el teatro.
   b) allí están contentos y él no tiene que pagar nada.
   c) allí no hay muchas personas ricas.
3. A los hijos de don Samuel les gusta mucho el Palacio de Bellas Artes porque
   a) allí siempre hay muchas personas ricas.
   b) allí tiene que pagar.
   c) allí hay un buen grupo de artistas.
4. El señor que viene a la tienda
   a) es un músico muy pobre.
   b) tiene hijos a quienes les gusta mucho la música.
   c) quiere comprar una caja de música.
5. El músico desea comprar varias cosas para
   a) mandarlas a un tío pobre de Guadalajara.
   b) cambiarlas por un violín.
   c) mandarlas a un tío que las desea para una iglesia en Guadalajara.

B. Answer the following questions in Spanish based on the reading.

1. ¿Cuántas personas hay en la familia de don Samuel? ¿Quiénes son?
2. ¿Cómo está vestido el músico?
3. ¿Por qué tiene que escribirle a su tío?
4. ¿Qué deja el músico en la tienda de don Samuel?
5. ¿Qué piensa don Samuel cuando mira el violín?
6. ¿Por qué decide don Samuel ayudar al músico?

STRUCTURES

A. The Present Tense of Regular and Irregular Verbs

Rewrite the following sentences, using the present tense of the verbs in parentheses.

1. Don Samuel (tener) _____ mucho dinero.
2. Ud. (ser) _____ un señor que tiene muchos amigos.
3. Las amigas de la esposa (ir) _____ con ella a la tienda.
4. Don Samuel (vender) _____ muchas cosas en su tienda.
5. La familia (estar) _____ muy contenta.
6. El músico (desear) _____ ver cosas para una iglesia en Guadalajara.

7. Yo (tener) _____ un tío muy rico.
8. Los músicos (estar) _____ en México.
9. Ellos no le (decir) _____ nada al músico.
10. Tú no (necesitar) _____ esta caja.

B. Negative Sentences

To make a sentence negative simply place the word **no** in front of the verb.

Ellos **no** van al teatro.

If an affirmative word is present in the sentence, it must be replaced with its negative counterpart.

Affirmative words		Negative words	
algo	*something*	**nada**	*nothing*
alguien	*someone, anyone*	**nadie**	*no one, not anyone*
algún, alguno (-a), (-os), (-as)	*any, some*	**ningún, ninguno (-a)**	*none, not any, neither*
o... o	*either . . . or*	**ni... ni**	*neither . . . nor*
siempre	*always*	**jamás, nunca**	*never, not ever*
también	*also*	**tampoco**	*neither*

Alguien viene.   **Nadie** viene.
Algo pasa aquí.   **Nada** pasa aquí.

Notice in the previous examples that if the negative word precedes the verb, **no** is not used. However, **no** precedes the verb when other negative words follow the verb.

No viene nadie.

Rewrite each of the following sentences in the negative.

1. Alguien sabe la verdad.
2. Ellos compran algo.
3. El músico tiene dinero.
4. Los hijos siempre vienen a la tienda.

5. A la esposa también le gusta la música.
6. Todos van al concierto en el teatro.
7. ¿También desea ver otras cosas?
8. Tengo algo de lo que Ud. desea.
9. Voy a escribirle una carta a mi tío.
10. Ellos siempre van al teatro.
11. Como es músico es muy rico y tiene muchas cosas.

C. The Contractions al and del

The preposition **a** plus the definite article **el** contract to form **al**. The preposition **de** plus the definite article **el** contract to form **del**.

Ellos van **al** palacio.
Ésta es la caja **del** violín.

Other combinations of the prepositions **a** and **de** plus the definite article do not contract.

Las amigas **de la** señora van a la tienda.
Los amigos **de los** hijos son ricos.

Rewrite the following sentences, supplying the prepositions **a** or **de** plus the appropriate definite article. Use the contractions **al** or **del** where necessary.

1. Don Samuel piensa venderle muchas cosas _____ músico.
2. La tienda no está muy lejos _____ iglesia.
3. Algunas _____ amigas _____ señora van con ella _____ tienda.
4. A don Samuel no le gusta ir _____ teatro porque tiene que pagar.
5. El violín _____ músico es muy viejo.

D. Direct and Indirect Object Pronouns

A direct object receives the action of the verb. The direct object pronoun replaces a direct object noun and is usually placed before a conjugated verb.

El músico compra **un violín.**
El músico **lo** compra.

The forms of the direct object pronouns are as follows:

Singular		Plural	
me	*me*	nos	*us*
te	*you* (**tú**)	os	*you* (**vosotros(-as)**)
lo	*him, you, it* (masc.)	los	*them* (masc.), *you*
la	*her, you, it* (fem.)	las	*them* (fem.), *you*

An indirect object usually answers the questions *to whom?* or *for whom?* The indirect object pronoun replaces an indirect object noun and is usually placed before a conjugated verb.

El músico compra unas cosas **para su tío.**
El músico **le** compra unas cosas.

The forms of the indirect object pronouns are as follows:

Singular		Plural	
me	*(to) me*	nos	*(to) us*
te	*(to) you* (**tú**)	os	*(to) you* (**vosotros (-as)**)
le	*(to) him, (to) her, (to) you, (to) it*	les	*(to) them* (masc., fem.), *(to) you*

Rewrite the following sentences, replacing the words in italics with a direct object pronoun in the proper position.

1. Don Samuel tiene *muchas cosas.*
2. Nadie sabe *la verdad.*
3. El músico vende *unos instrumentos.*
4. Yo tengo *muchas cajas* aquí.
5. El señor inspecciona *el violín* con cuidado.

Rewrite the following sentences, replacing the words in italics with an indirect object pronoun in the proper position.

1. El músico escribe una nota *a su tío.*
2. Los hijos piden dinero *al padre.*
3. Don Samuel vende muchas cosas *a sus amigos ricos.*
4. Ese señor compra muchas cosas en la tienda *para mí.*
5. Un tío muy rico manda mucho dinero *para nosotros.*

E. *Special Construction with the Verb* gustar

The verb **gustar** means *to like, to be pleasing.* This verb is conjugated with an indirect object pronoun. It is used in the third person singular or plural, depending on whether the subject is singular or plural.

(subject)

Me gusta **la tienda.**

(subject)

Me gustan **las tiendas.**

(a mí) me gusta(n)	**(a nosotros) nos gusta(n)**
(a ti) te gusta(n)	**(a vosotros) os gusta(n)**
(a usted) le gusta(n)	**(a ustedes) les gusta(n)**
(a él, a ella) le gusta(n)	**(a ellos, a ellas)**
	les gusta(n)

The prepositional phrase (**a** + *noun or pronoun*) is used for clarity or emphasis. It normally precedes the indirect object pronoun in the **gustar** construction.

Write complete sentences, using the cues provided. Add any other necessary words.

EXAMPLE: la esposa / gustar / teatro

A la esposa le gusta el teatro.

1. don Samuel / gustar / mucho / música
2. su esposa / gustar / ir a / Chapultepec
3. ella / también / gustar / cosas / tienda
4. los hijos / gustar / artes
5. ¿ / Ud. / no / gustar / cosas / que / yo / tener / aquí / ?
6. yo / no / gustar / ese / vestido / viejo / músico
7. yo / gustar / mucho / música
8. músico / gustar / muchas / cosas
9. ¿ / tú / gustar / violines / ?
10. nosotros / gustar / profesores / inteligentes

IV–V

READING COMPREHENSION

Answer the following questions in Spanish based on the reading.

1. ¿Cómo es el segundo señor que llega a la tienda?
2. ¿Qué desea comprar?
3. ¿Por qué cree el señor que don Samuel vende violines?
4. ¿Por qué quiere comprarle el violín a don Samuel?
5. ¿Por qué don Samuel no le puede vender el violín?
6. ¿Hasta cuánto puede pagarle don Samuel al músico por su violín?
7. ¿Por qué no se puede quedar el hombre en México por mucho tiempo?
8. ¿Cuánto piensa ganar don Samuel con la venta del violín?
9. ¿Por qué no quiere el músico vender su violín?
10. ¿Por cuánto lo compra don Samuel?
11. ¿Por qué cree Ud. que el músico no paga por las cosas que ordena para su tío en Guadalajara?
12. ¿Qué piensa del violín el amigo de don Samuel?
13. ¿Por qué tiene don Samuel el violín en su tienda?

STRUCTURES

A. Interrogatives

Supply the questions that elicit the following answers, using these interrogative words: **cuánto, qué, dónde, quién, cómo.**

EXAMPLE: El músico vende el violín.

¿Quién vende el violín?

1. Puede poner su violín aquí.
2. Este reloj vale cincuenta pesos.
3. El violín es de un músico pobre.
4. El dueño de la tienda se llama Samuel.
5. Pienso que este violín es muy malo.

B. *Possessive Adjectives*

Possessive adjectives agree in gender and number with the nouns they modify. They are placed before the noun modified.

Mi violín es un Stradivarius.

Rewrite the following sentences, using the possessive adjective.

1. (*His*) _____ tienda está en México.
2. Creo que algunos de (*his*) _____ amigos no son buenos.
3. La esposa no desea (*our*) _____ dinero.
4. Dice don Samuel que (*your*, fam.) _____ hijos no te quieren.
5. (*Our*) _____ caja es muy antigua.

C. *Direct and Indirect Object Pronouns*

Direct and indirect object pronouns are usually placed directly before a conjugated verb. However, when used with an infinitive, the direct or indirect object pronouns may be placed either in front of the conjugated verb or attached to the infinitive.

El señor quiere comprar **un reloj.**
El señor **lo** quiere comprar. *or* El señor quiere comprar**lo.**

Rewrite the following sentences, replacing the words in italics with a direct or an indirect object pronoun in the proper position.

1. Si Ud. desea vender *el violín,* le pago mil pesos por él.
2. El músico quiere comprar *muchas cosas* para la iglesia.
3. ¿Hasta cuánto puedo pagar *al músico* por su violín?
4. Quiero preguntar *a ellos* la verdad.
5. El cuento puede enseñar (*a nosotros*) una lección.

When the direct and the indirect object pronouns are used in the same sentence, the indirect object pronoun *always precedes* the direct object pronoun. When both the indirect and the direct object pronouns begin with **l,** the indirect object pronoun changes to **se.**

Don Samuel **le** da **dinero** al músico.
Don Samuel **se lo** da.

Rewrite the following sentences, replacing the words in italics with a direct and/or indirect object pronoun.

1. Yo les vendo *muchas cosas* a las iglesias de México.
2. Él enseña *un violín* a su amigo.
3. Don Samuel nos vende *una caja antigua*.
4. Él da *ochocientos pesos* al músico.
5. Nosotros vamos a comprarte *un instrumento musical.*

WRITING PRACTICE

Write a short paragraph (40 words) using some or all of the following words. Make all necessary changes.

tienda	ir	desear
tener	nadie	violín
rico	verdad	poner
dinero	esposa	caja
hay	hijos	antiguo
cosas	contento	esperar
vender	música	ochocientos pesos
amigo	gustar	

COMMUNICATIVE ACTIVITY

Choose one of the topics listed below and prepare to answer questions about it in class.

1. Las relaciones de don Samuel con su esposa e hijos
2. Don Samuel como hombre de negocios
3. El negocio entre don Samuel y el músico

Poemas

BASIC VOCABULARY

Nouns

la **avellana** hazelnut
el **canario** canary
el **desdén** contempt, disdain
el **envoltorio** package
la **jaula** bird cage
el **mar** sea

el, la **moro/a** Moor
la **perla** pearl
la **roca** rock
la **tristeza** sadness
la **vejiga** bladder, a package made from a bladder

Verbs

echar to throw
escapar to escape, to run away
llorar to cry
perder(ie) to lose

saltar to jump
soltar (ue) to release, to let go of
volar (ue) to fly

Adjectives

hambriento(-a) hungry
infeliz unfortunate, unhappy
loco(-a) crazy

pequeñito(-a) small, little
  hombre pequeñito selfish man
perdido(-a) lost
rosado(-a) pink, rosy

Other Useful Words

mas but

ni neither, nor

Useful Expressions

dejar (+ *infinitivo*) to let
  déjame saltar let go of me
devolver to give back, to return
  devuélveme give me back

estar medio muerto to be very tired, to be half dead
junto a next to
mas al verlos(-as) but upon seeing them

VOCABULARY USAGE

A. Match the words in *Column A* with the definitions in *Column B*.

A	B
1. __b__ rosado	a. lugar muy árido
2. __c__ perla	b. color rosa
3. __a__ desierto	c. adorno brillante que se
4. __d__ muerto	forma en las ostras
5. __f__ canario	d. un cadáver
6. __e__ jaula	e. sirve para encerrar aves
	f. pájaro amarillo que
	canta harmoniosamente

B. Write complete sentences of your own, using the following expressions.

1. devuélveme
2. estar medio muerto
3. dejar (+ *infinitivo*)
4. junto a

COGNATES AND WORD FORMATION

Approximate cognates do not follow specific rules. They can, however, be recognized because they usually have some linguistic element in common.

humillante *humiliating*
aeropuerto *airport*

Some Spanish verbs ending in **-ar** have an English cognate ending in **-ate.**

estimular *stimulate*

Guess the English cognates of the words in italics.

1. La mora tiró *la perla* al mar.
2. El *árabe* hambriento no tenía *millones*.
3. La mujer quería *escapar*.
4. El *canario* cantaba en su jaula.
5. El árabe caminaba por el *desierto*.
6. El hombre estaba medio muerto de cansancio y de *fatiga*.

USING VOCABULARY IN CONTEXT

Complete the following paragraph, filling in the blanks with the appropriate words from the list below.

cantar	hombre	tristeza
desdén	canario	volar
jaula		

La mujer pensó con _____ que el _____ pequeñito la trataba con _____ , que la tenía en una _____ dorada, como a un _____ in-feliz que no podía _____ ni _____.

Hombre pequeñito
ALFONSINA STORNI

Hombre pequeñito, hombre pequeñito,
suelta a tu canario, que quiere volar...[1]
Yo soy el canario, hombre pequeñito,
déjame saltar.

Estuve en tu jaula, hombre pequeñito,   5
hombre pequeñito que jaula me das.
Digo pequeñito porque no me entiendes,
ni me entenderás.

Tampoco te entiendo, pero mientras tanto[2]
ábreme la jaula que quiero escapar;   10
hombre pequeñito, te amé un cuarto de hora;
no me pidas más.[3]

La perla de la mora
JOSÉ MARTÍ

Una mora de Trípoli[4] tenía
Una perla rosada, una gran perla,
Y la echó con desdén al mar un día: 15
—¡Siempre la misma! ¡ya me cansa verla![5]
Pocos años después, junto a la roca
De Trípoli... ¡la gente llora al verla!
Así le dice al mar la mora loca:
—¡Oh mar! ¡oh mar! ¡devuélveme mi perla!   20

---

[1]**que quiere volar** as it wants to fly free [2]**mientras tanto** meanwhile [3]**no me pidas más** do not ask for more [4]**Trípoli** seaport on the NW coast of Libya [5]**¡ya... verla!** I am already tired of seeing it!

27

El árabe hambriento
JUAN EUGENIO HARTZENBUSCH

Perdido en un desierto,
Un árabe infeliz, ya medio muerto
Del hambre y la fatiga;[6]
Se encontró un envoltorio de vejiga.[7]
5 Lo levantó, le sorprendió el sonido[8]
Y dijo, de placer estremecido;[9]
—¡Avellanas parecen!—Mas al verlas,
con tristeza exclamó: ¡Sólo son perlas!
En ciertas ocasiones
10 *No le valen al rico sus millones.*[10]

POSTREADING ACTIVITIES

READING COMPREHENSION

Answer the following questions in Spanish based on the readings.

Hombre pequeñito

1. ¿Qué quiere la mujer del poema? ¿Por qué?
2. ¿Por qué se compara con un canario?
3. ¿Qué representa «la jaula»?
4. ¿Por qué dice que el hombre es «pequeñito»?
5. ¿Qué quiere decir «te amé un cuarto de hora; no me pidas más»?

---

[6]**Del... fatiga** from hunger and fatigue   [7]**envoltorio de vejiga** a package made from a bladder   [8]**le... sonido** its sound surprised him   [9]**de placer estremecido** quivering with delight   [10]**No... millones** his millions are not worth anything to the rich man

La perla de la mora

6. ¿Cómo era la perla de la mora?
7. ¿Qué hizo con la perla?
8. ¿Por qué llora la gente al verla?
9. ¿Qué le dice la mora al mar?

El árabe hambriento

10. ¿Por qué estaba medio muerto el árabe?
11. ¿Qué se encontró en el desierto?
12. ¿Qué pensó que había dentro del envoltorio? ¿Por qué?
13. ¿Está triste el árabe porque sólo encontró perlas? ¿Por qué?

STRUCTURES

A. Ser *and* estar

Rewrite the following sentences, using the present tense of **ser** and **estar**. Justify your choice.

1. La perla rosada _es_ de la mora loca.   possession
2. El árabe hambriento _está_ medio muerto   looks, feels
3. No son avellanas, sólo _son_ perlas.
4. La mujer _está_ encerrada en una jaula. location
5. El hombre _es_ pequeñito porque _es_ muy egoísta.
6. El hombre y la mujer _son_ casados.
7. El árabe y la mora ___ tristes. > true at time
   estan

B. *Use of the Preterit Tense*

> The preterit tense is used to indicate 1) completed events or actions at a definite moment in the past; 2) the beginning of an action; 3) the end of an action; and 4) an interruption or sudden change in the past.
>
> 1. La estudiante **salió** de su cuarto **a la media noche.**
> 2. La estudiante **comenzó** a pintar un cuadro.
> 3. Cuando **terminó** de pintar, se **retiró** a su habitación.
> 4. La tormenta **interrumpió** la fiesta.

Rewrite the following sentences, using the preterit tense of the verbs in parentheses.

1. Ella (echar) _echó_ con desdén una gran perla al mar.
2. El árabe se (encontrar) _encontró_ un envoltorio de vejiga.
3. A él le (sorprender) _sorprendió_ el sonido.
4. La mujer (estar) _____ varios meses en la jaula del hombre pequeñito. _estuvo_
5. La gente (ver) _vio_ a la mora de Trípoli llorando junto a la roca.
6. El árabe (levantar) _levantó_ estremecido el envoltorio de vejiga.
7. El canario (salir) _salió_ un día de su jaula.

C. Use of the Imperfect Tense

The imperfect tense is used to indicate   1) continuing actions or states of being in the past;   2) repeated, habitual actions in the past;   3) past actions whose beginnings or endings are unimportant or unknown;   4) time of day in the past; 5) description.

1. La mora **lloraba** cuando tiró la perla al mar.
2. Ella **iba** todos los días al mar.
3. La mora **tenía** una gran perla.
4. ¿Qué hora **era?**
5. La perla que tenía **era** rosada.

Rewrite the following sentences, using the imperfect tense of the verbs in parentheses.

1. Al rico no le (valer) _valía_ de nada sus millones.
2. Ellos (ser) _fueron_ muy felices al lado del mar.
3. El hombre no (entender) _entendía_ a su mujer.
4. La mujer (querer) _quería_ su independencia.
5. La mora loca (llorar) _____ todos los días junto al mar. _lloraba_

D. Present Participles

To form the present participle of most Spanish verbs, the endings **-ando** (**-ar** verbs) or **-iendo** (**-er**, **-ir** verbs) are added to the stem of the infinitive.

cantar ⟶ **cantando**
comer ⟶ **comiendo**
salir ⟶ **saliendo**

Some verbs have *irregular* present participles:

decir ⟶ **diciendo**   morir ⟶ **muriendo**
dormir ⟶ **durmiendo**   pedir ⟶ **pidiendo**
ir ⟶ **yendo**   servir ⟶ **sirviendo**
leer ⟶ **leyendo**   venir ⟶ **viniendo**

Write the present participles of the following verbs.

1. tratar
2. trabajar
3. saber
4. vivir
5. leer
6. hacer
7. ir
8. esperar
9. correr

E. The Present Progressive Tense

The present progressive tense is used to describe an action in progress at a specific moment in time. It is formed with the present tense of the verb **estar** plus the present participle of the verb to be conjugated.

El músico **está hablando** con don Samuel en la tienda.

Rewrite the following sentences, changing the verbs into the present progressive form.

EXAMPLE: Él **habla** mucho
     *Él **está hablando** mucho.*

1. El músico toca en el parque.
2. El señor rico mira los relojes que vende don Samuel.
3. El árabe se muere del hambre y la fatiga.
4. La mora loca corre frente al mar.
5. Tú sales mucho con tus amigos.

F. Past Participles

Regular past participles are formed by adding **-ado** to **-ar** verbs
and **-ido** to **-er** and **-ir** verbs.

> hablar ⟶ hablado
> comer ⟶ comido
> vivir ⟶ vivido

The following verbs have irregular past participles:

abrir	⟶ **abierto**		**morir**	⟶ **muerto**
cubrir	⟶ **cubierto**		**poner**	⟶ **puesto**
decir	⟶ **dicho**		**resolver**	⟶ **resuelto**
describir	⟶ **descrito**		**romper**	⟶ **roto**
escribir	⟶ **escrito**		**ver**	⟶ **visto**
hacer	⟶ **hecho**		**volver**	⟶ **vuelto**

Write the past participles of the following verbs.

1. morir
2. incomunicar
3. cuidar
4. encontrar
5. resolver

6. seguir
7. matar
8. poner
9. envolver
10. encontrar

G. The Present Perfect Tense

The present perfect tense is formed with the present indicative
of the auxiliary verb **haber** plus the past participle of the verb
to be conjugated. Note that when the past participle is an in-
tegral part of a perfect tense, it always ends in **-o.** The present
perfect is used to describe an action that has recently taken
place.

> Yo **he hablado** mucho. *I have talked a lot.*

Rewrite the following sentences, using the present perfect tense of the verbs in parentheses.

1. El violinista está muy contento porque (vender) _____ su violín.
2. Don Samuel (sacar) _____ de su caja ochocientos pesos.
3. El árabe no (morir) _____ en el desierto.
4. Los canarios (ser) _____ encerrados en una jaula.
5. El sonido de las avellanas (estremecer) _____ al hombre.

WRITING PRACTICE

Write a short paragraph of at least fifty words, using some or all of the following words and expressions. Your paragraph will be evaluated for grammatical correctness and vocabulary usage. Make all necessary changes.

mora	fatiga	avellanas
árabe	envoltorio	pero
loco	levantar	perlas
hambriento	sorprender	rosadas
muerto	sonido	tirar
hambre	decir	mar
frío	placer	

COMMUNICATIVE ACTIVITY

Prepare to discuss the following questions in class.

1. ¿Qué es un «hombre pequeñito» para Ud.? Haga una descripción simple.
2. ¿Ha tenido Ud. alguna experiencia como la de la mora? ¿Qué hizo?
3. ¿Por qué está triste el árabe cuando encuentra un envoltorio lleno de perlas?
4. ¿Qué quiere decir la expresión «En ciertas ocasiones no le valen al rico sus millones»? ¿Está de acuerdo?

Los ticunas pueblan la tierra

HUGO NIÑO

BASIC VOCABULARY

Nouns

la **aldea** village
el **arroyo** stream
el **ave** bird
la **avispa** wasp
la **choza** hut
el **dolor** pain
la **enseñanza** teaching
la **figurilla** small figure
el **fondo** bottom
la **luna** moon
el **mito** myth

la **piel** skin
el **pueblo** people
la **rodilla** knee
el, la **sabio/a** wise person
la **selva** jungle
el **ser** being
  el **ser humano** human
  being
el **sitio** place
el **sueño** dream
la **tierra** Earth

Verbs

adornar to decorate
caer to fall
crecer (zc) to grow
dudar to doubt
entristecer (zc) to sadden
envejecer (zc) to age
golpearse to hit oneself
impedir (i) to prevent
marcharse to go away

perderse (ie) to lose one's
way
picar to sting
poblar (ue) to populate
proyectar to project
relatar to tell, to recount
reventar (ie) to burst
tejer to weave

(continued)

Adjectives

agónico(-a) moribund, dying

débil weak

inflamado(-a) inflamed, swollen

pesado(-a) heavy

raro(-a) strange

sumergido(-a) submerged

tibio(-a) mild, tepid, lukewarm

Other Useful Words

así thus, in this way

según according to, as

yendo *pres. part. of* **ir;** going

Useful Expressions

a través de by means of

como de costumbre as usual

darse cuenta de to realize, to come to the realization of

desde el principio from the beginning, all along

ponerse en pie to stand up

quedarse dormido to fall asleep

Vocabulary Usage

A. Match the words in *Column A* with the definitions in *Column B*.

A	B
1. _____ sabio	a. insecto que pica
2. _____ luna	b. persona muy inteligente que sabe mucho
3. _____ avispa	c. tradición alegórica y fantástica de un pueblo
4. _____ ave	d. planeta satélite de la tierra
5. _____ sitio	e. parte de la pierna
6. _____ arroyo	f. lugar donde está algo
7. _____ rodilla	g. población pequeña
8. _____ aldea	h. corriente pequeña de agua
9. _____ mito	i. animal vertebrado cubierto de plumas con pico, dos pies y dos alas

B. Give the Spanish equivalents of the expressions in parentheses.

1. Se bañó en el arroyo (*as usual*) _____.
2. Según el mito, Yuche no pudo (*to stand up*) _____.
3. Al llegar a la choza, (*he fell asleep*) _____.
4. Todo ha sido así (*from the beginning*) _____.

COGNATES AND WORD FORMATION

Some Spanish verbs ending in **-ficar** have an English cognate ending in *-fy*.

notificar   *notify*
simplificar   *simplify*

Guess the English cognates of the words in italics.

1. Sólo los sabios pueden *modificar* el mito.
2. La historia de *la creación* de los ticunas es muy simple.
3. ¿Cuál es el *origen* de tu *clan*?
4. La avispa es un *insecto*.
5. Los viejos enseñan el mito *principal*.
6. La arena era *fina* y blanca.
7. ¿Quién es el *protector* de los pieles-negras?
8. Esta costumbre no puede *existir* aquí.
9. La figurilla era una ser *minúsculo*.
10. En el *interior* de la rodilla había vida.
11. Los jóvenes no sabían *narrar* bien.
12. ¿Me puedes *relatar* el mito?
13. ¿Qué *parte* te gusta más?

TAKE A GUESS

Which phrases do you associate with the following passages?

1. La explicación alegórica del origen de un pueblo.

2. La historia principal es contada por los viejos. Ellos se la enseñan a los jóvenes, y más tarde éstos se la transmiten a sus descendientes.

3. Al golpearse, la rodilla se reventó y de ella salieron los pequeños seres que empezaron a crecer rápidamente.

4. No existía en la tierra sitio más bello. Todo era tibio allí; ni el calor ni la lluvia entorpecían la harmonía del lugar.

5. Se metió ceremoniosamente en el agua del arroyo hasta que estuvo casi enteramente sumergido. Se lavó la cara, se inclinó hacia adelante y se miró entristecido en el espejo del agua.

paraíso terrenal

nacimiento mítico

tradición oral

baño ritual

mito

USING VOCABULARY IN CONTEXT

Complete the following mythological passage, filling in the blanks with the appropriate words from the list below. Make sure the paragraph makes sense.

selva	rodilla	tierra
dolor	crecer	arroyo
bañarse	poblaron	tuvieron
figurillas	seres	envejeciendo
sola	choza	

Yuche vivía en una _____ pequeña cerca de un _____ cristalino en la _____ del Amazonas. Cierta vez fue a _____ al arroyo y notó al mirarse en el espejo del agua que se estaba _____. Estaba preocupado porque la _____ iba a quedarse sin nadie, completamente _____. Cuando regresaba a su pequeña choza sintió un _____ en medio de la pierna. Al día siguiente notó que en su _____ había dos _____ humanas: un hombre y una mujer. Los dos pequeños _____ salieron de su rodilla y empezaron a _____ mientras Yuche moría. Los primeros ticunas _____ muchos hijos y _____ la tierra.

Los ticunas pueblan la tierra
HUGO NIÑO

Éste es el mito, la historia de la creación, la explicación del origen
del pueblo de los ticunas, llamados pieles-negras[1] por sus vecinos,
porque así es como adornan su cuerpo en las ceremonias a los
dioses, a los protectores del clan. Ésta es la historia principal
según es narrada por los viejos. Ellos se la enseñan a los más   5
jóvenes, y más tarde éstos se la enseñan a sus descendientes; así
ha sido desde el principio; que no se duda de la enseñanza del
mito y nadie puede modificarlo por su deseo. Sólo los sabios lo
cambian y lo transforman.

Éste es, pues, el mito, como se relata en la aldea de Puerto   10
Nariño, a la orilla izquierda del Amazonas,[2] territorio de Colombia, donde ahora viven ticunas de muchas partes.

Yuche vivía desde el principio solo en el mundo. En compañía
de las perdices, los monos y los grillos[3] había visto envejecer la
tierra. A través de los monos, las perdices y los grillos se daba   15
cuenta de que el mundo vivía y de que la vida era tiempo y el
tiempo... muerte.

No existía en la tierra sitio más bello que aquél donde Yuche
vivía; era una pequeña choza en un claro[4] de la selva y muy cerca
de un arroyo enmarcado en playas de arena fina.[5] Todo era tibio   20
allí; ni el calor ni la lluvia entorpecían la placidez[6] de aquel lugar.

Dicen que nadie ha visto el sitio, pero todos los ticunas esperan ir allí algún día.

Una vez Yuche fue a bañarse al arroyo, como de costumbre.
Llegó a la orilla y se metió en el agua[7] hasta que se estuvo casi   25
enteramente sumergido. Al lavarse[8] la cara se inclinó hacia
adelante[9] mirándose en el espejo del agua;[10] por primera vez
notó que había envejecido.

---

[1]**pieles-negras** blackskins [2]**orilla... Amazonas** left bank of the Amazon, a river
in South America [3]**las perdices... grillos** partridges, monkeys, and crickets
[4]**claro** clearing [5]**playa... fina** beach with fine sand [6]**entorpecer la placidez** to
disturb the peacefulness [7]**meterse en el agua** to get into the water [8]**al
lavarse** upon washing [9]**inclinarse... adelante** to lean forward [10]**mirándose...
agua** looking at himself in the mirror of the water

El verse viejo le entristeció profundamente:

—Estoy ya viejo... y solo. ¡Oh!, si muero, la tierra va a quedar más sola todavía.

Triste y despaciosamente regresó a su choza.

5 El susurro[11] de la selva y el canto de las aves lo llenaban ahora de infinita melancolía.

Yendo en camino sintió un dolor en la rodilla. ¿Lo había picado algún insecto? No pudo darse cuenta, pero pensó que había podido ser una avispa. Comenzó a sentir que un pesado 10 sopor lo invadía.

—Es raro como me siento. Me voy a acostar en mi choza.

Siguió caminando con dificultad y al llegar a su choza se acostó y se quedó dormido.

Tuvo un largo sueño. Soñó que mientras más soñaba, más 15 se envejecía y más débil se ponía[12] y que de su cuerpo agónico se proyectaban otros seres.[13]

Despertó muy tarde, al otro día. Quiso levantarse, pero el dolor se lo impidió. Entonces se miró la inflamada rodilla y notó que la piel se había vuelto transparente. Le pareció que algo en 20 su interior se movía. Al acercar más los ojos vio con sorpresa que, allá en el fondo, dos minúsculos seres trabajaban; se puso a observarlos.

Las figurillas eran un hombre y una mujer: el hombre templaba un arco[14] y la mujer tejía un chinchorro.[15]

25 Intrigado, Yuche les preguntó:

—¿Quiénes son ustedes? ¿Cómo llegaron ahí?

Los seres levantaron la cabeza, lo miraron, pero no respondieron y siguieron trabajando.

Al no obtener respuesta, hizo un máximo esfuerzo para po30 nerse en pie, pero cayó sobre la tierra. Al golpearse,[16] la rodilla se reventó y de ella salieron los pequeños seres que empezaron a crecer rápidamente, mientras él moría.

Cuando terminaron de crecer, Yuche murió.

Los primeros ticunas se quedaron por algún tiempo allí,

---

[11]**el susurro** murmuring [12]**ponerse** to become [13]**se... seres** other beings were being created [14]**templar un arco** to temper or prepare a bow [15]**chinchorro** Indian hammock [16]**al golpearse** when he hit the ground; **golpearse** to hit oneself

donde tuvieron varios hijos; pero más tarde se marcharon porque querían conocer más tierras y se perdieron.

Muchos ticunas han buscado aquel lugar, pero ninguno lo ha encontrado.

READING COMPREHENSION

First indicate whether the following statements are *True* or *False*. Then change the false statements to make them agree with what is described in *Los ticunas pueblan la tierra*.

1. Este mito es sobre el origen de los vecinos de los ticunas.
2. Los jóvenes aprenden la historia de los viejos.
3. Sólo los sabios pueden cambiar o transformar el mito.
4. Los ticunas viven a la orilla izquierda del Amazonas.
5. Yuche vivía en compañía de los descendientes de los ticunas.
6. Los monos, las perdices y los grillos se daban cuenta de que el mundo vivía.
7. Yuche vivía en una casa elegante junto a una roca.
8. El calor y la lluvia eran comunes en el lugar donde vivía Yuche.
9. Cuando Yuche se miró en el espejo del mar, notó que había envejecido.
10. Yuche estaba triste porque tenía hambre y fatiga.
11. Yuche se acostó en una glorieta y se quedó dormido.
12. De la rodilla de Yuche salieron unos pequeños seres que empezaron a crecer poco a poco.

STRUCTURES

A. The Preterit Tense

Rewrite the following sentences, using the preterit tense of the verbs in parentheses.

1. Yuche (llegar) _____ a la orilla del arroyo y (entrar) _____ en el agua.

2. Triste y despaciosamente, ellos (regresar) ＿＿＿ a su choza.
3. Tú (comenzar) ＿＿＿ a sentir un pesado sopor.
4. Yuche les (preguntar) ＿＿＿ que quiénes eran ellos.
5. Cuando las figurillas (terminar) ＿＿＿ de crecer, Yuche (morir) ＿＿＿.

B. The Imperfect Tense

Rewrite the following sentences, using the imperfect tense of the verbs in parentheses.

1. Yuche (vivir) ＿＿＿ desde el principio solo en el mundo.
2. No (existir) ＿＿＿ en la tierra sitio más bello que aquél.
3. Yuche comenzó a sentir que un pesado sopor lo (invadir) ＿＿＿.
4. La mujer (tejer) ＿＿＿ un chinchorro.
5. El hombre (templar) ＿＿＿ un arco.
6. Mientras Yuche (morir) ＿＿＿ las figurillas empezaron a crecer muy rápidamente.

C. The Past Progressive Tense

The past progressive indicates that an action is in progress in the past. It is formed with the imperfect tense of the auxiliary verb **estar** plus the present participle of the conjugated verb.

La mujer **estaba ayudando** al hombre.

Rewrite the following sentences, changing the verbs to the past progressive tense.

EXAMPLE: Yuche **mira** las aves.
　　　　　*Yuche **estaba mirando** las aves.*

1. El ticuna caminaba con dificultad.
2. Muchos indios buscan aquel lugar.
3. Los sabios transforman el mito.
4. El primer hombre vivía solo en el mundo.

D. The Pluperfect Tense

> The pluperfect tense is used to express a past action completed prior to another past action. It is formed with the imperfect of the auxiliary verb **haber** (**había, habías, había, habíamos, habíais, habían**) plus the past participle of the main verb.
>
> Yuche **había visto** envejecer la tierra.

Rewrite the following sentences, changing the verbs in parentheses to the pluperfect tense.

1. Nadie (ver) _____ ese sitio ideal.
2. Lo (picar) _____ un insecto.
3. Él pensó que (poder) _____ ser una avispa.
4. Muchos ticunas (buscar) _____ ese lugar sin encontrarlo.

E. Reflexive Verbs

> A verb is reflexive when the subject and the object of the action are the same. This verb form uses the reflexive pronouns (**me, te, se, nos, os, se**), which are usually placed before the verb.
>
> La mujer **se baña** en el río.
> Yuche **se acuesta** en su choza.

Rewrite the following sentences, using the appropriate form of the reflexive verbs in parentheses.

1. Los esposos (levantarse) _____ del chinchorro.
2. El indio (meterse) _____ en el agua como de costumbre.
3. Al llegar a su choza, Uds. (acostarse) _____ en la cama.
4. Nosotros (golpearse) _____ la rodilla.
5. Ellos (perderse) _____ en la selva.

Reflexive pronouns may be attached to the infinitive and the present participle. However, they *must* be attached to affirmative commands.

Él va a dormir**se**. *or* Él **se** va a dormir.
Ellos están durmiéndo**se**. *or* Ellos **se** están durmiendo.

but: Duérme**te**.
Vamos + **nos** = Vámo**nos**

Complete the following sentences with the appropriate reflexive pronouns.

1. Una vez el anciano fue a bañar _____ en un arroyo.
2. Mirando _____ en el espejo del agua, él vio que había envejecido.
3. Vamos _____, le dijo el indio a su mujer.
4. Al yo lavar _____ la cara por la mañana, noté que todavía era muy joven.

F. *Demonstrative Adjectives and Pronouns*

In Spanish the ending of the demonstrative adjective must agree in gender and number with the noun it modifies. **Este** (**esta**, **estos**, **estas**) is equivalent to *this* and points out a particular person or object near the speaker. **Ese** (**esa**, **esos**, **esas**) and **aquel** (**aquella**, **aquellos**, **aquellas**) are both equivalent to *that*, but **ese** normally refers to something nearer the speaker or the person spoken to, and **aquel** to something farther away.

Esta perdiz está deliciosa.
This partridge is delicious.

Ese libro es interesante.
That book (close to you) *is interesting.*

Aquella choza está muy lejos.
That hut is very far.

Rewrite the following sentences, using the correct forms of the demonstrative adjectives.

1. (*This*) _____ mito de los ticunas es muy interesante.
2. (*This*) _____ historia es la historia principal de los indios ticunas.
3. (*Those*) _____ figurillas cerca de ti son amarillas.
4. Muchos ticunas han buscado (*that*) _____ lugar remoto en las montañas colombianas.
5. (*These*) _____ seres eran muy pequeños.

Demonstrative pronouns have the same forms as demonstrative adjectives, except that they have a written accent mark. They agree in gender and number with the nouns they replace. Since there are no neuter demonstrative adjectives in Spanish, the neuter demonstrative pronouns bear no written accent. The neuter forms refer to whole ideas or unidentified nouns.

¿Quieres este mono o **ése?**
¿Qué es **eso?**
¿Qué es **esto?** ¿Y **aquello?**

Rewrite the following sentences, using the appropriate demonstrative pronouns.

1. Ellos les enseñan el mito a los jóvenes y (*these ones*) _____ a su vez se lo enseñan a sus hijos.
2. No existía en la tierra un sitio más bello que (*that one–far away*) _____ donde vivía Yuche.
3. (*Those ones–close to you*) _____ son las figurillas que quiero comprar.
4. —¿Qué es (*that*) _____? —No sé.

WRITING PRACTICE

Write a short paragraph of at least fifty words, using some or all of the following words and expressions. Your paragraph will be evaluated for grammatical correctness and vocabulary usage. Make all necessary changes.

mito	nadie	perdices
ticunas	transformar	bello
enseñar	compañía	claro
selva	sitio	origen
cambiar	choza	clan
Amazonas	historia	principio
existir	adornar	sabios
pequeña	más tarde	izquierda
creación	modificar	monos
vecinos	orilla	vivir
jóvenes		

COMMUNICATIVE ACTIVITY

Prepare to discuss one of the following questions in class with a classmate.

1. ¿Conoce Ud. algún mito universal? ¿Cuál es? ¿Qué narra?
2. ¿Se parece el mito de los ticunas a otro mito conocido por Ud.? ¿Cuál? ¿En qué se parecen?
3. ¿Le gusta leer mitos? ¿Por qué? ¿Qué enseñan?

—⋯⊰⊱⋯—

REVIEW EXERCISE

After reviewing the vocabulary and grammar covered in Part One, complete the paragraph below by supplying the correct verb forms or the Spanish equivalents of the words in parentheses.

Ayer nosotros (terminar) _____ de leer (this) _____ unidad (use a preposition) _____ libro *Graded Spanish Reader*. Aquí (leer) _____ un cuento corto sobre un hombre (rich) _____ que (querer) _____ más y más dinero, un mito (about) _____ el origen (of the Ticuna people) _____ en Colombia y tres poemas sobre una (Moor) _____ loca, un (Arab) _____ hambriento y una mujer (unfortunate) _____ porque no tenía libertad. La mora (was crying) _____ porque (she had lost) _____ su perla y el árabe (was not happy) _____ porque sólo (had found) _____ perlas en (the package made from a bladder) _____. En estos dos últimos poemas es evidente que lo que (is good) _____ para una persona no es necesariamente bueno para la otra.

PART TWO

---·•◆❧❀♣◆•·---

Part Two consists of six readings of increasing difficulty, divided into four sections. The first section contains a poem, *La United Fruit Co.*, by the 1971 Chilean Nobel laureate, Pablo Neruda (Neftalí Reyes: 1904–1973), and a mini-story, *Las estatuas*, by the Argentinian short story writer, Enrique Anderson-Imbert (1910). A longer narrative, *Las medias de los flamencos*, by the Uruguayan master of the unusual, Horacio Quiroga (1878–1937), is included in the second section. The third section includes two poems, *Poema XX*, by Neruda, and *Regresos*, by the Colombian Meira Delmar (Olga Chams Eljach). The last section consists of a more difficult short story, *Un día de estos*, by the 1982 Nobel laureate from Colombia, Gabriel García Márquez (1928).

La United Fruit Co. is a good example of Neruda's socially committed poetry. His criticism of multinational companies operating in the Third World, particularly the United Fruit Company, focuses on their economic and political oppression of Central America.

The events narrated in *Las estatuas*, by Anderson-Imbert, are skillfully manipulated so that the ending is quite unexpected. One can easily become "addicted" to Anderson-Imbert's "minicuentos."

Las medias de los flamencos alludes to the human condition by means of an allegorical narration in which coral snakes take revenge on a flock of bewildered flamingos. This narrative proves that Quiroga can be counted among the Latin American masters of the short story.

Poema XX, also by Neruda, recalls a long lost love. Here the poet plays with emotive images to convey the loneliness that he feels. By means of anaphoric devices and concise verses, Neruda gives us a tormented vision of life without his beloved one.

Regresos is an insightful poem about our need to find the roots of our identity in the events of our childhood.

In the final short story, *Un día de estos*, the action takes place in a fictional town ruled by a corrupt political system. García Márquez skillfully narrates a small victory for the oppressed in an unforgettable story where pain and controlled compassion play key roles.

STUDY GUIDE

Before you begin working with the readings in this unit, you should complete several activities to improve your comprehension skills and prepare you for class discussion.

1. Begin with the Prereading Activities, paying particular attention to the Vocabulary exercises and to the Cognates and Word Formation section. Apply these rules to words you encounter as you read, and try to guess the meaning of unfamiliar words by observing how they are used in context. You should also scan the selections to grasp the main point of each reading.

2. Review the uses of the preterit and imperfect tenses, past participles, reflexive verbs, and absolute superlatives before reading *La United Fruit Co.*, *Las estatuas*, and *Las medias de los flamencos*.

   Before reading *Poema XX*, *Regresos*, and *Un día de estos*, review the following points of grammar at the end of the selections: the infinitive, present perfect, past progressive, and pluperfect.

3. Review the points of grammar covered in each passage before doing the Writing Practice. The purpose of this composition exercise is to practice the vocabulary and grammatical structures you have learned.

4. In preparation for the Communicative Activity at the end of each section, write down your thoughts on the topic you have chosen for discussion, and practice them aloud several times to improve your oral skills.

Un poema y un minicuento

BASIC VOCABULARY

Nouns

la **bandeja** tray
la **bandera** flag
la **broma** prank, joke
la **cintura** waistline
la **corona** crown
el **fantasma** ghost
el, la **fundador/a** founder
la **huella** footprint

el **jardín** garden, yard
la **mosca** fly
el, la **muerto/a** dead person
el **racimo** bunch, cluster (*of grapes:* **racimo de uvas**)

Verbs

atraer to attract, to lure
derramar to spill, to scatter
deslizarse to slip away, to slide
regalar to give (*as a present*)
repartir to distribute, to hand out

reservarse to reserve, to keep (*for oneself*)
restregar to rub
rodar to roll
sepultar to bury
sonar to sound
zumbar to buzz

Adjectives

azucarado(-a) sugary
borracho(-a) drunk
decidido(-a) determined, resolute
dulce sweet

inquieto(-a) restless
leve light
sabio(-a) intelligent
sanguinario(-a) bloody
travieso(-a) mischievous

Other Useful Words

cuando when

(continued)

> **Useful Expressions**
>
> **a escondidas** secretly   **mientras tanto** meanwhile
> **lo más jugoso** the juiciest
>   part

VOCABULARY USAGE

A. Match the words in *Column A* with the definitions in *Column B*.

A	B
1. _g_ mosca	a. símbolo de un país
2. _e_ fantasma	b. un cadáver
3. _b_ muerto	c. área cultivada con flores
4. _a_ bandera	d. divide el cuerpo humano en dos partes: superior e inferior
5. _c_ jardín	e. aparición fantástica
6. _d_ cintura	f. plátanos, bananos o uvas
7. _f_ racimo	g. insecto

B. Write complete sentences of your own, using the following expressions.

1. a escondidas
2. lo más jugoso
3. mientras tanto
4. racimo de frutas
5. gozar la broma

A escondidas fue a la casa de movio.
Lo más jugoso de la cuenta fue la termina.

me gusta comer el racimo de frutas

COGNATES AND WORD FORMATION

In Spanish adverbs generally end in **-mente** instead of the English *-ly*.

extraordinariamente *extraordinarily*
lentamente *slowly*

Spanish words ending in **-ción** generally correspond to English words ending in *-tion*.

la acción	*action*
la nación	*nation*

Spanish words ending in **-ante, -ente, -ento** generally correspond to English words ending in *-ant, -ent, -ing*.

interesante	*interesting*
ignorante	*ignorant*
prominente	*prominent*
violento	*violent*

Spanish words ending in **-dad** have English equivalents ending in *-ty*. These words are always feminine in Spanish.

la personalidad	*personality*

It is helpful to delete the infinitive ending (**-ar, -er, -ir**) of *some* Spanish verbs to recognize their English cognates.

plantar	*to plant*
demandar	*to demand*
observar	*to observe*
pretender	*to pretend*
absorber	*to absorb*
repeler	*to repel*
preferir	*to prefer*
permitir	*to permit*
admitir	*to admit*

Guess the English cognates of the following words.

1. desembarcar	7. reservar	13. entidad
2. central	8. trompeta	14. popular
3. libertad	9. generalmente	15. mermelada
4. fruta	10. repúblicas	16. conquistar
5. dormitorio	11. constitución	17. profesor
6. estatua	12. ópera	18. pedestal

TAKE A GUESS

Which words or phrases do you associate with the following descriptions?

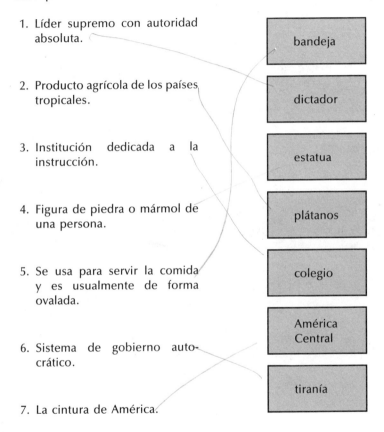

1. Líder supremo con autoridad absoluta.

   bandeja

2. Producto agrícola de los países tropicales.

   dictador

3. Institución dedicada a la instrucción.

   estatua

4. Figura de piedra o mármol de una persona.

   plátanos

5. Se usa para servir la comida y es usualmente de forma ovalada.

   colegio

6. Sistema de gobierno auto-crático.

   América Central

7. La cintura de América.

   tiranía

USING VOCABULARY IN CONTEXT

Fill in the blanks with the appropriate words from the list below.
Make sure the paragraphs make sense.

1. a escondidas   huellas   traviesa
    jardín   pedestales   noche

Por la noche una muchacha _traviesa_ salió de su dormitorio _a escondida_
y silenciosamente se deslizó hacia el _jardín_. Allí pintó entre los
dos _pedestales_ de las estatuas de la fundadora y un profesor famoso
huellas de dos personas que se encuentran muy tarde por la
noche para hacerse el amor.

2. explotación   critica   sanguinarias
    lo más jugoso   se reservan   regalan

El poeta chileno Pablo Neruda _critica_ a las dictaduras _sanguinarias_ de
Centro América y a las grandes compañías extranjeras por la
explotación de los países centroamericanos. Los dictadores les repar-
ten a las compañías fruteras _lo más jugoso_ de su país y _regalan_ el dinero
que les _se_ estas compañías.

La United Fruit Co.

PABLO NERUDA

Cuando sonó la trompeta,[1] estuvo
todo preparado en la tierra
y Jehová repartió el mundo
a Coca-Cola Inc., Anaconda,
Ford Motors, y otras entidades: 5
la Compañía Frutera Inc.
se reservó lo más jugoso,
la costa central de mi tierra,
la dulce cintura de América.
Bautizó de nuevo sus tierras   10
como «Repúblicas Bananas»,
y sobre los muertos dormidos,
sobre los héroes inquietos
que conquistaron la grandeza,
la libertad y las banderas   15
estableció la ópera bufa,[2]
enajenó los albedríos,[3]
regaló coronas de César,
desenvainó[4] la envidia, atrajo
la dictadura de las moscas,   20
moscas Trujillos,[5] moscas Tachos,[6]
moscas Carías,[7] moscas Martínez,[8]
moscas Ubico,[9] moscas húmedas
de sangre humilde y mermelada,
moscas borrachas que zumban   25
sobre las tumbas populares,
moscas de circo, sabias moscas
entendidas[10] en tiranía.

---

[1]**cuando... trompeta** when the trumpet sounded (at the moment of Creation) [2]**bufo(-a)** comic [3]**enajenó... albedríos** alienated their free will [4]**desenvainar** to unsheath [5]**Trujillos: Héctor B. Trujillo** president of the Dominican Republic from 1952–1960. His brother Rafael was president from 1930–1938 and from 1942–1952. [6]**Tachos** reference to the Somoza family that ruled Nicaragua from 1937–1979 [7]**Carías: Andino Carías** dictator of Nicaragua from 1933–1949 [8]**Martínez: Tomás Martínez** dictator of Nicaragua from 1863–1890 [9]**Ubico: Jorge Ubico** dictator of Guatemala from 1931–1944 [10]**entendido(-a)** expert

Entre las moscas sanguinarias
la Frutera desembarca,
arrasando el café y las frutas,
en sus barcos que deslizaron
5 como bandejas el tesoro
de nuestras tierras sumergidas.

Mientras tanto, por los abismos
azucarados de los puertos,
caían indios sepultados
10 en el vapor de la mañana:
un cuerpo rueda, una cosa
sin nombre, un número caído,
un racimo de fruta muerta
derramada en el pudridero.[11]

Las estatuas
ENRIQUE ANDERSON-IMBERT

15 En el jardín de Brighton, colegio de señoritas, hay dos estatuas:
la de la fundadora y la del profesor más famoso. Cierta noche—
todo el colegio, dormido—una estudiante traviesa salió a escondidas de su dormitorio y pintó sobre el suelo, entre ambos pe-
destales, huellas de pasos:[12] leves pasos de mujer, decididos pasos
20 de hombre que se encuentran en la glorieta y se hacen el amor
a la hora de los fantasmas. Después se retiró con el mismo sigilo,[13]
regodeándose por adelantado[14].... ¡Las caras[15] que van a poner!
Cuando al día siguiente fue a gozar la broma, vio que las huellas
habían sido lavadas y restregadas: algo sucias de pintura le que-
25 daron las manos a la estatua[16] de la señorita fundadora.

---

[11]**derramada... pudridero** thrown in the garbage heap   [12]**huellas de pasos**
footprints   [13]**con... sigilo** with the same secrecy   [14]**regodeándose... adelantado**
taking great delight in advance   [15]**cara** face; **¡las caras que van a poner!** the
faces they are going to make!   [16]**algo... estatua** the hands of the statue were
still somewhat dirty with paint

READING COMPREHENSION

Answer the following questions in Spanish based on the readings.

La United Fruit Co.

1. ¿Por qué es sarcástico el comienzo del poema? ¿Qué hizo Jehová?
2. ¿Qué es la ópera bufa? ¿Por qué usa el poeta este término?
3. ¿Quiénes son las moscas? ¿Por qué es apropiada la comparación?
4. ¿Qué hacen las compañías fruteras con el tesoro de las tierras hispanas?
5. ¿Cómo afecta a los indios el comportamiento de las compañías fruteras? *Conduct*
6. ¿Con qué compara el poeta a los indios en los cuatro últimos versos?

Las estatuas

7. ¿Qué hay en el jardín del colegio?
8. ¿Qué hizo la estudiante traviesa? ¿Cuándo y por qué lo hizo?
9. ¿Cómo eran las huellas? ¿Dónde se encontraban?
10. ¿Qué hizo la estudiante traviesa después de pintar las huellas?
11. ¿Qué vio al día siguiente?

STRUCTURES

A. The Preterit Tense

According to the poem, the United Fruit Company exploited the people of Central America. Through a series of economic and political measures, they enriched themselves at the expense of poor, developing nations. Rewrite the following paragraph, using the correct form of the preterit tense of the verbs in parentheses to indicate the series of actions that took place.

La Compañía Frutera Inc. (bautizar) *bautizó* de nuevo los países centroamericanos como «Repúblicas Bananas», (establecer) *estableció* la ópera bufa, (enajenar) _____ los albedríos, (atraer) _____ la dictadura de las moscas y (explotar) _____ el trabajo de los indios.

59

B. Past Participles

Combine the past participles in *Column A* with the nouns in *Column B* to form phrases that describe conditions in Central America according to *La United Fruit Co.* by Neruda. Make all necessary changes and additions, and compare your ideas with a classmate.

EXAMPLE: *Los indios caen sepultados por el trabajo excesivo.*

A	B
1. entendido	a. políticos
2. caído	b. héroe
3. inquieto	c. racimo de fruta
4. sepultado	d. indios
5. azucarado	e. moscas
6. derramado	f. muertos

WRITING PRACTICE

Write a short paragraph of at least sixty words, using most of the following words and expressions. Your paragraph will be evaluated for grammatical correctness and vocabulary usage. Make all necessary changes.

United Fruit Co.	Repúblicas Bananas	ópera bufa
dictadura de las moscas	borracho	zumbar
	café	frutas
tumbas populares	indios	sepultados
tesoro	muerto	número
racimo	rodar	cuerpos
pudridero		

COMMUNICATIVE ACTIVITY

Prepare to discuss one of the following topics with a classmate.

1. El neo-colonialismo
2. Las dictaduras
3. El sandinismo
4. La corrupción política
5. Una broma que Ud. haya gozado en el pasado

Las medias de los flamencos

Horacio Quiroga

BASIC VOCABULARY

Nouns

el **almacén** store
el **almacenero** storekeeper
la **ceniza** ash
la **cola** tail
el **collar** necklace
el **cuero** hide, skin
el, la **cuñado/a** brother-in-law; sister-in-law
la **escoba** broom
el **farol** lantern
el **farolito** small lantern
el **flamenco** flamingo
la **gasa** gauze
la **lechuza** owl
la **lengua** tongue
la **media** stocking

la **mitad** half
la **nariz** nose (*meaning* beak *in the story*)
la **pata** leg (*of an animal*)
el **peligro** danger
el **pescuezo** neck (*in animals*)
el **pez** fish
el **pico** beak
la **rana** frog
la **raya** stripe
la **sangre** blood
el **sapo** toad
la **serpentina** paper streamer
el **suelo** ground
la **víbora** viper

Verbs

agacharse to stoop
alumbrar to illuminate, to light up
apartar to take away
  apartarse to move away
arrancar to yank
arreglarse to tidy up
colgar to hang
coquetear to flirt
desconfiar to distrust

deshacer to undo, to destroy
engañar to deceive
envidiar to envy
fumar to smoke
menearse to wiggle
recorrer to go through
tambalearse to stagger
vengarse to take revenge

(continued)

Adjectives

colorado(-a) red
grueso(-a) thick

paraguayo(-a) Paraguayan
torcido(-a) twisted

Useful Expressions

a pedazos by pieces
al poco rato after a short
 time

por lo menos at least
tropezar con to trip over

**burlarse de; hacer bur-
 la** to make fun of

VOCABULARY USAGE

A. Select the word that does not belong to each group.

1. pata, lengua, ceniza, nariz, cabeza
2. rana, cocodrilo, sapo, ave
3. serpentina, víbora, coral, veneno, silbido
4. pico, cuello, pescuezo, cola, pata

B. Write complete sentences of your own, using the following expressions.

1. hacer burla
2. tropezar con
3. por lo menos
4. a pedazos

COGNATES AND WORD FORMATION

The Spanish prefix **des-** is added to certain words to express the opposite meaning. It usually corresponds to *dis-* or *-un* in English.

organizar	*to organize*	**desorganizar**	*to disorganize*
hacer	*to do*	**deshacer**	*to undo*

The Spanish suffix **-ero(-a)** is added to certain nouns to form the names of occupations related to the meaning expressed in the original word.

carta ⟶ *cartero*
zapato ⟶ *zapatero*

A. Give the antonyms of the following verbs.

1. confiar
2. colgar
3. poblar
4. tejer
5. integrar
6. aparecer
7. hacer
8. orientar

B. Write the Spanish nouns from which the following occupations are derived.

1. almacenero
2. cochero
3. torero
4. carnicero
5. vaquero
6. lechero
7. consejero
8. banquero

The use of diminutive suffixes is widespread in the Spanish-speaking world, especially in Spanish America and southern Spain. The forms **-ito, -ita, -cito, -cita** are the most common and usually indicate affection as well as smallness.

The general rules for the formation of diminutives are:

1. The suffixes **-ito** and **-ita** are added to words ending in **-a**, **-o**, or a consonant (except **-n** or **-r**).

casa ⟶ cas**ita**
árbol ⟶ arbol**ito**

2. If a word ends in **-e**, **-n**, or **-r**, the suffix **-cito(-a)** is added.

nube ⟶ nube**cita**
limón ⟶ limon**cito**
mujer ⟶ mujer**cita**

Some suffixes like **-uelo(-a)**, **-zuelo(-a)** and **-illo(-a)** are often used pejoratively.

mujer	→ mujer**zuela**	animal	→ animal**illo**
rey	→ rey**zuelo**		

C. Write the diminutive of each of the following words.

1. farol
2. bicho
3. pollera
4. ovillado

5. figura
6. hombre
7. collar
8. animal

TAKE A GUESS

Which verbs do you associate with the following descriptions?

1. Desear lo que otra persona tiene.

vengarse

2. No decir la verdad.

envidiar

3. Tomar satisfacción de una ofensa.

desconfiar

4. Sacar con violencia.

engañar

5. Sospechar de una persona o cosa.

arrancar

USING VOCABULARY IN CONTEXT

Five words that will be critical for your understanding of *Las medias de los flamencos* are presented below. After studying their meanings, read the following paragraph and fill in the blanks with the appropriate words. You do not need to make any changes.

peces   se burlan   coloradas
patas   vengarse   flamencos
ardor

Este cuento es la historia de los _____, que antes tenían las _____ blancas y ahora las tienen _____. Todos los animales, especialmente los _____, saben la historia, y por eso _____ de los flamencos. Pero los flamencos, mientras curan el _____ de sus patas en el agua, tratan de _____ comiéndose los peces que se acercan a ellos.

Las medias de los flamencos
HORACIO QUIROGA

Cierta vez las víboras dieron un gran baile. Invitaron a las ranas
y a los sapos; a los flamencos, y a los cocodrilos y a los peces.
Los peces, como no caminan, no pudieron bailar; pero siendo el
baile a la orilla del río[1] los peces estaban asomados a la arena,[2]
y aplaudían con la cola.   5

Los cocodrilos, para adornarse bien, se habían puesto en el
pescuezo un collar de bananas, y fumaban cigarros paraguayos.
Los sapos se habían pegado escamas de pescado en todo el
cuerpo,[3] y caminaban meneándose. Parecían nadar. Y cada vez
que pasaban muy serios por la orilla del río, los peces les gritaban   10
haciéndoles burla.

Las ranas se habían perfumado todo el cuerpo, y caminaban
en dos pies. Además, cada una llevaba colgada, como un farolito,
una luciérnaga que se balanceaba.[4]

Pero las que estaban hermosísimas eran las víboras. Todas,   15
sin excepción, estaban vestidas con traje de bailarina, del mismo
color de cada víbora. Las víboras coloradas llevaban una pollerita
de tul[5] colorado; las verdes, una de tul verde; las amarillas, otra
de tul amarillo; y las yararás,[6] una pollerita de tul gris pintada
con rayas de polvo de ladrillo[7] y ceniza porque así es el color de   20
las yararás.

Y las más espléndidas de todas eran las víboras de coral, que
estaban vestidas con larguísimas gasas rojas, blancas y negras, y
bailaban como serpentinas. Cuando las víboras danzaban y daban
vueltas apoyadas en la punta de la cola todos los invitados aplau- 25
dían como locos.

Sólo los flamencos, que entonces tenían las patas blancas, y
tienen ahora como antes la nariz muy gruesa y torcida, sólo los
flamencos estaban tristes, porque como tienen muy poca inteligencia, no habían sabido cómo adornarse. Envidiaban el traje de   30
todos, y sobre todo el de las víboras de coral. Cada vez que una

---

[1]**orilla del río** river bank [2]**asomados... arena** looking out over the sand [3]**se
habían... cuerpo** had pasted fish scales all over their bodies [4]**luciérnaga...
balanceaba** a firefly that swayed [5]**pollerita de tul** small tulle skirt
[6]**yarará** poisonous snake [7]**polvo de ladrillo** brick dust

víbora pasaba por delante de ellos, coqueteando y haciendo ondular las gasas de serpentinas, los flamencos se morían de envidia.
Un flamenco dijo entonces:
—Yo sé lo que vamos a hacer. Vamos a ponernos medias
5 coloradas, blancas y negras, y las víboras de coral se van a ena-
morar de nosotros.
Y levantando todos juntos el vuelo, cruzaron el río y fueron
a golpear en un almacén del pueblo.
—¡Tan-tan! —pegaron con las patas.
10 —¿Quién es? —respondió el almacenero.
—Somos los flamencos. ¿Tienes medias coloradas, blancas y
negras?
—No, no hay —contestó el almacenero—. ¿Están locos? En
ninguna parte van a encontrar medias así.
15 Los flamencos fueron entonces a otro almacén.
—¡Tan-tan! ¿Tienes medias coloradas, blancas y negras?
El almacenero contestó:
—¿Cómo dice? ¿Coloradas, blancas y negras? No hay medias
así en ninguna parte. Ustedes están locos. ¿Quiénes son?
20 —Somos los flamencos —respondieron ellos. Y el hombre
dijo:
—Entonces son con seguridad flamencos locos.
Fueron a otro almacén.
—¡Tan-tan! ¿Tienes medias coloradas, blancas y negras?
25 El almacenero gritó:
—¿De qué color? ¿Coloradas, blancas y negras? Solamente
a pájaros narigudos[8] como ustedes se les ocurre pedir medias así.
¡Tienen que irse en seguida!
Y el hombre los echó con la escoba.
30 Los flamencos recorrieron así todos los almacenes, y de todas
partes los echaban por locos.
Entonces un tatú,[9] que había ido a tomar agua al río, se quiso
burlar de los flamencos y les dijo, haciéndoles un gran saludo:
—¡Buenas noches, señores flamencos! Yo sé lo que ustedes
35 buscan. No van a encontrar medias así en ningún almacén. Tal
vez... en Buenos Aires. Van a tener que pedirlas por encomienda
postal.[10] Mi cuñada, la lechuza, tiene medias así. Ella les va a dar
las medias coloradas, blancas y negras.

---

[8]**narigudo(-a)** long-nosed   [9]**tatú** armadillo   [10]**encomienda postal** parcel post

Los flamencos le dieron las gracias, y se fueron volando a la cueva de la lechuza. Y le dijeron:

—¡Buenas noches, lechuza! Venimos a pedirte las medias coloradas, blancas y negras. Hoy es el gran baile de las víboras, y si nos ponemos esas medias, las víboras de coral se van a en- 5 amorar de nosotros.

—¡Con mucho gusto! —respondió la lechuza—. Vuelvo en seguida.

Y echando a volar,[11] dejó solos a los flamencos; y al poco rato volvió con las medias. Pero no eran medias, sino cueros de 10 víboras de coral, lindísimos cueros recién sacados a las víboras que la lechuza había cazado.

—Aquí están las medias —les dijo la lechuza—. Sólo tienen que preocuparse de una sola cosa: deben bailar toda la noche, sin parar un momento, deben bailar de costado,[12] de pico, de 15 cabeza... ; pero no pueden parar un solo momento, porque en vez de bailar van entonces a llorar.

Pero los flamencos como son tan tontos,[13] no comprendían bien qué gran peligro había para ellos en eso, y locos de alegría se pusieron los cueros de las víboras de coral, como medias, 20 metiendo las patas dentro de los cueros, que eran como tubos. Y muy contentos se fueron volando al baile.

Cuando vieron a los flamencos con sus hermosísimas medias, todos les tuvieron envidia. Las víboras querían bailar con ellos, únicamente, y como los flamencos no dejaban un instante de 25 mover las patas, las víboras no podían ver bien de qué estaban hechas aquellas preciosas medias...

Pero poco a poco, sin embargo, las víboras comenzaron a desconfiar. Cuando los flamencos pasaban bailando al lado de ellas, se agachaban hasta el suelo para ver bien. 30

Las víboras de coral sobre todo, estaban muy inquietas. No apartaban la vista de las medias, y se agachaban también tratando de tocar con la lengua las patas de los flamencos, porque la lengua de las víboras es como la mano de las personas. Pero los flamencos bailaban y bailaban sin parar, aunque estaban cansadísimos y ya 35 no podían más.

Las víboras de coral, que conocieron esto, pidieron en seguida

---

[11]**echar a volar** to fly away   [12]**de costado** on one's side   [13]**tonto(-a)** stupid

a las ranas sus farolitos, que eran luciérnagas y esperaron todas juntas a que los flamencos se cayeran de cansados.[14]

Efectivamente, un minuto después, un flamenco, que ya no podía más, tropezó con el cigarro de un cocodrilo, se tambaleó
5 y cayó de costado. En seguida las víboras de coral corrieron con sus farolitos, y alumbraron bien las patas del flamenco. Y vieron qué eran aquellas medias, y lanzaron un silbido[15] que se oyó desde la otra orilla del Paraná.[16]

—¡No son medias! —gritaron las víboras—. ¡Sabemos lo que
10 es! ¡Nos han engañado! ¡Los flamencos han matado a nuestras hermanas y se han puesto sus cueros como medias! ¡Las medias que tienen son de víboras de coral!

Al oír esto, los flamencos, llenos de miedo porque estaban descubiertos, quisieron volar; pero estaban tan cansados que no
15 pudieron levantar una sola pata. Entonces las víboras de coral se lanzaron sobre ellos, y enroscándose[17] en sus patas les deshicieron a mordiscones[18] las medias. Les arrancaron las medias a pedazos, enfurecidas, y les mordían también las patas, para matarlos.

Los flamencos, locos de dolor, saltaban de un lado para otro,
20 pero las víboras de coral no se desenroscaban de sus patas. Hasta que al fin, viendo que ya no quedaba un solo pedazo de media, las víboras los dejaron libres, cansadas y arreglándose las gasas de sus trajes de baile.

Además, las víboras de coral estaban seguras de que los fla-
25 mencos iban a morir, porque la mitad, por lo menos, de las víboras de coral que los habían mordido, eran venenosas.[19]

Pero los flamencos no murieron. Corrieron a echarse al agua, sintiendo un grandísimo dolor. Gritaban de dolor, y sus patas, que eran blancas, estaban entonces coloradas por el veneno de
30 las víboras. Pasaron días y días, y siempre sentían terrible ardor[20] en las patas, y las tenían siempre de color de sangre, porque estaban envenenadas.

Hace de esto muchísimo tiempo.[21] Y ahora todavía están los

---

[14]**a que... de cansados** for the flamingos to fall down from exhaustion   [15]**lanzar un silbido** to hiss   [16]**Paraná** river in South America, flowing from S. Brazil along the SE boundary of Paraguay, through NE Argentina into the Río de la Plata   [17]**enroscarse** to coil, to twist around   [18]**a mordiscones** by biting   [19]**venenoso(-a)** poisonous   [20]**ardor** burning sensation   [21]**hace de esto muchísimo tiempo** that was a long time ago

flamencos casi todo el día con sus patas coloradas metidas en el agua, tratando de calmar el ardor que sienten en ellas.

A veces se apartan de la orilla, y dan unos pasos por tierra, para ver cómo están. Pero los dolores del veneno vuelven en seguida, y corren a meterse en el agua. A veces el ardor que sienten es tan grande, que encogen[22] una pata y quedan así horas enteras, porque no pueden estirarla.[23]

Ésta es la historia de los flamencos, que antes tenían las patas blancas y ahora las tienen coloradas. Todos los peces saben por qué es, y se burlan de ellos. Pero los flamencos, mientras se curan en el agua, no pierden ocasión de vengarse, comiéndose a cuanto pececillo se acerca demasiado a burlarse de ellos.

POSTREADING ACTIVITIES

READING COMPREHENSION

Select the word or phrase that best completes each statement according to the reading.

1. En el baile de las víboras,
   a) las avispas picaban a los monos.
   b) los peces aplaudían con la cola.
   c) las perdices bailaban con los grillos.
   d) los sapos se quedaban en la arena.

2. Para adornarse bien,
   a) los sapos usaban collares de cigarros paraguayos.
   b) los cocodrilos se pegaban escamas en el cuello.
   c) las ranas llevaban luciérnagas colgadas como un farolito.
   d) los grillos se perfumaban todo el cuerpo.

3. Las víboras más hermosas eran
   a) las coloradas.
   b) las verdes.
   c) las amarillas.
   d) las de coral.

---

[22]**encoger** to tighten up, to contract   [23]**estirar** to stretch, to extend

4. Los flamencos estaban tristes porque
   a) tenían las patas blancas.
   b) tenían la nariz muy gruesa y torcida.
   c) tenían poca inteligencia para adornarse.
   d) tenían las rodillas inflamadas.

5. ¿Qué deciden hacer los flamencos?
   a) Deciden ondular las gasas de serpentinas.
   b) Deciden morirse de envidia.
   c) Deciden enamorar a las víboras de coral.
   d) Deciden ponerse medias coloradas, blancas y negras.

6. ¿Qué piensan los almaceneros de los flamencos?
   a) Que tienen inteligencia para vestirse.
   b) Que son flamencos locos.
   c) Que tienen que conocer más tierras.
   d) Que son unos envidiosos.

7. El tatú ayudó a los flamencos porque
   a) quería venderles las medias.
   b) tenía un almacén en Buenos Aires.
   c) quería burlarse de ellos.
   d) tenía que tomar agua del río.

8. ¿Qué les trajo la lechuza?
   a) Las medias que querían.
   b) Un envoltorio de Buenos Aires.
   c) Cueros de víboras de coral.
   d) Las gasas de sus trajes de baile.

9. La lechuza les dice que tienen que
   a) bailar toda la noche sin parar.
   b) llorar toda la noche.
   c) encoger una pata en la fiesta.
   d) apartar la vista de las medias.

10. ¿Por qué las víboras no podían ver de qué estaban hechas las medias?
    a) Porque no se agachaban bien hasta el suelo.
    b) Porque les tenían envidia.
    c) Porque los flamencos no dejaban un instante de mover las patas.
    d) Porque la lengua de las víboras es como la mano de una persona.

11. Las víboras les pidieron a las ranas sus luciérnagas para
    a) alumbrar las patas de los flamencos.
    b) correr con sus farolitos.
    c) lanzar silbidos de alegría.
    d) parar a los flamencos que estaban cansados.

12. ¿Con qué tropezó el flamenco que se cayó?
   a) Con un cocodrilo.
   b) Con un armadillo.
   c) Con un pescuezo paraguayo.
   d) Con un cigarro.

13. ¿Por qué no pudieron volar los flamencos?
   a) Porque estaban engañados.
   b) Porque estaban cansados.
   c) Porque estaban descubiertos.
   d) Porque estaban envenenados.

14. ¿Cuándo dejaron las víboras libres a los flamencos?
   a) Cuando les pidieron perdón a las víboras.
   b) Cuando se cansaron de correr.
   c) Cuando ya no les quedaba un solo pedazo de media.
   d) Cuando se desenroscaron de sus patas.

15. ¿Por qué pasan los flamencos tanto tiempo con las patas en el agua?
   a) Porque tienen las patas largas y blancas.
   b) Porque no quieren que los peces se burlen.
   c) Porque tratan de calmar el ardor que sienten.
   d) Porque el agua del arroyo es tibia.

STRUCTURES

A. Reflexive Verbs

Certain Spanish verbs are inherently reflexive even though they do not have a reflexive meaning, that is, the subject and the object of the action are not the same. These verbs have no reflexive equivalents in English and must be learned as such.

burlarse de	*to make fun of*
darse cuenta de	*to realize*
quejarse de	*to complain about*

Rewrite the following sentences, using the appropriate reflexive pronouns when necessary.

1. El sapo parecía nadar porque _____ meneaba mucho.
2. Las aves _____ levantaron el vuelo.
3. Tú _____ agachaste para verles las patas a los flamencos.

4. Nosotros _____ burlamos de los tontos.
5. Las víboras de coral no _____ desenroscaron de sus patas.
6. Los flamencos _____ vengaron de las lechuzas.
7. Ellos _____ apartaron al cocodrilo.
8. Yo siempre _____ lavo las medias en el arroyo.

B. Preterit versus Imperfect

Rewrite the following paragraph, using the correct form of the preterit or imperfect tense of the verbs in parentheses. Be prepared to explain your choice.

Cierto día las víboras (dar) _____ una gran fiesta. (Ser) _____ un día muy hermoso porque (haber) _____ mucho sol. Las víboras (invitar) _____ a las ranas, a los sapos, a los flamencos, a los cocodrilos y a los peces. Todos (comenzar) _____ a llegar al baile adornados y perfumados. Todos los animales (estar) _____ hermosos y contentos, excepto los flamencos. Ellos (ser) _____ los únicos que (estar) _____ muy tristes porque no (haber) _____ sabido adornarse. Ellos (ir) _____ a varios almacenes a buscar medias coloradas, pero no (poder) _____ encontrarlas en ninguna parte. Entonces, la lechuza les (dar) _____ unos cueros que no (ser) _____ medias, sino cueros de víboras.

C. The Pluperfect Tense

Rewrite the following sentences, using the appropriate form of the pluperfect tense of the verbs in parentheses.

1. Los cocodrilos (ponerse) _____ un collar de bananas en el pescuezo.
2. Los sapos (pegarse) _____ escamas en el cuerpo.
3. Las ranas (perfumarse) _____ todo el cuerpo.
4. Los flamencos no (saber) _____ adornarse.
5. El tatú (ir) _____ a tomar agua en el río.
6. Nosotros (hacer) _____ unos farolitos con las luciérnagas.
7. Yo (tropezarse) _____ en el baile.

D. *The Absolute Superlative*

The suffix **-ísimo** is attached to most adjectives to indicate the superlative degree (indicated by *most* or *very* in English). It is also used to indicate the superlative degree of adverbs; for adverbs formed with **-mente, -ísima** is added to the base adjective before the adverbial suffix is attached. The absolute superlative is also formed by placing **muy** before an adjective or adverb.

Ella está **lindísima.**
Ella está **muy** linda.
Él lo hizo **rapidísimamente.**
Él lo hizo **muy** rápidamente.

Give the absolute superlative of the following words. Give both forms.

1. hermosas   3. cansados   5. lindo
2. largas   4. mucho

WRITING PRACTICE

Write a short essay of at least sixty-five words in Spanish on one of the topics listed below. Your composition will be evaluated for grammatical correctness and vocabulary usage.

1. La reacción de las víboras ante las medias de los flamencos
2. La razón por la cual los flamencos están siempre en el agua con una pata encogida

COMMUNICATIVE ACTIVITY

Study the following sentences with two of your classmates and create imaginative and humorous endings using the vocabulary and grammatical structures presented in this section. Then combine as many sentences as possible to make an original but coherent story. Feel free to add more sentences of your own, if necessary.

1. Las ranas no tenían cola porque...
2. Los sapos caminaban...
3. Las serpientes se habían perfumado con...
4. Las ranas llevaban colgando... en las patas.
5. Los flamencos eran unos... porque...
6. Había una vez una...
7. Todos danzaban y daban vueltas en...
8. Alguien se quiso burlar de los flamencos y les...
9. Las lechuzas se reían como locas porque...
10. Las serpientes se deslizaban por...
11. Ellas bailaban como... moviendo la... y...
12. Los sapos y las ranas se... y... al bailar
13. Algunos se habían puesto en el pescuezo...

Now share your story with the rest of the class.

Dos poemas nostálgicos

BASIC VOCABULARY

Nouns

el **alma** (*f.*) soul
el **balcón** balcony
el **brazo** arm
el **camino** way, path
el **cielo** sky
el **corazón** heart
el **cuerpo** body
el **dolor** pain, grief
las **escaleras** staircase, stairs
la **frente** forehead
la **infancia** infancy, childhood

la **lluvia** rain
la **mirada** glance
el **oído** inner ear
el **olvido** forgetting (*acción de olvidar*)
la **sombra** shade, shadow, darkness
el **sueño** dream
el **rostro** face, countenance
la **voz** voice

Verbs

asomarse to lean out
besar to kiss
borrar to erase
buscar to look for
cruzar to cross
encontrar (ue) to find
girar to spin, to swing
hallar to find; **hallarme** to find myself

oír to hear
quedar to remain, to stay
querer (ie) to love
sentir (ie) to feel
señalar to point out, to show
subir to go up, to climb

(continued)

78

Adjectives

fijo(-a) still; **ojos fijos** still eyes

perdido(-a) lost

tibio(-a) warm

triste sad

Useful Expressions

a ciencia cierta to know for certain

acaso perhaps, maybe

a lo lejos in the distance

a veces sometimes

en torno around

entonces then

   de entonces of that time (*in the past*)

que importa what difference does it make?

quedarse un rato to stay a while

tal vez perhaps

tantas veces so many times

VOCABULARY USAGE

A. Select the words in *Column B* most closely related to the terms in *Column A*.

	A		B
1.	_e_ subir	a.	agua
2.	_h_ oír	b.	niño, niñez
3.	_c_ mirada	c.	ojo
4.	_b_ infancia	d.	mostrar
5.	_f_ alma	e.	escalera
6.	_d_ señalar	f.	espíritu
7.	_i_ rostro	g.	en torno
8.	_g_ alrededor	h.	oído
9.	_a_ lluvia	i.	cara
10.	_k_ olvidar	j.	dar vueltas
11.	_j_ girar	k.	no recordar

B. Write complete sentences of your own, using the following expressions.

1. a lo lejos
2. a veces
3. quedarse un rato
4. entonces
5. tantas veces
6. a ciencia cierta

COGNATES AND WORD FORMATION

Guess the English cognates of the following words.

1. versos
2. inmensa
3. causar
4. diciembre
5. eco

6. infinito
7. contentar
8. música
9. distancia
10. infancia

TAKE A GUESS

What associations can you make with the following verses from *Poema XX* by Pablo Neruda and *Regresos* by Meira Delmar? Remember that poets convey feelings and images through original manipulation of the language. More than one answer may be correct.

1. «Pensar que no la tengo. Sentir que la he perdido».

2. «A lo lejos alguien canta».

3. «De otro. Será de otro. Como antes de mis besos».

4. «Oír la noche inmensa, más inmensa sin ella».

5. «Quiero volver a la que un día llamamos nuestra casa».

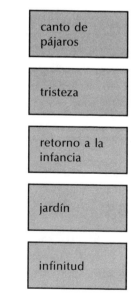

canto de pájaros

tristeza

retorno a la infancia

jardín

infinitud

6. «el eco ausente de las jaulas»

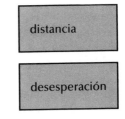

distancia

desesperación

USING VOCABULARY IN CONTEXT

Fill in the blanks with the appropriate words from the list below. Make sure the paragraphs make sense.

1. ~~brazos~~   ~~tuvo~~   olvidarla
   ~~tristes~~   ~~escribir~~   ~~grandes ojos~~
   quiere

Pablo Neruda quiere _escribir_ unos versos _tristes_ sobre un amor que _tuvo_ en el pasado. En su poema, él recuerda los _grandes_ de su amada y las veces que la tuvo entre sus _brazos_. Él ya no la _olvidarla_, pero no puede _quiere_.

2. hallarse   patio   perdida
   muros   infancia   jaulas

Meira Delmar se siente _perdida_ y quiere volver a su _infancia_ para poder _hallarse_ a sí misma. Recuerda de su antigua casa, el _patio_ rodeado de _muros_ encalados y lleno de sol, rosas y _jaulas_ de pájaros.

whitewashed

Poema **XX**

PABLO NERUDA

Puedo escribir los versos más tristes esta noche.

Escribir, por ejemplo: «La noche está estrellada,[1]
y tiritan,[2] azules, los astros, a lo lejos».

El viento de la noche gira en el cielo y canta.

5 Puedo escribir los versos más tristes esta noche.
Yo la quise, y a veces ella también me quiso.

En las noches como ésta la tuve entre mis brazos.
La besé tantas veces bajo el cielo infinito.

Ella me quiso, a veces yo también la quería.
10 Cómo no haber amado sus grandes ojos fijos.

Puedo escribir los versos más tristes esta noche.
Pensar que no la tengo. Sentir que la he perdido.

Oír la noche inmensa, más inmensa sin ella.
Y el verso cae al alma como al pasto el rocío.[3]

15 Qué importa que mi amor no pudiera guardarla.
La noche está estrellada y ella no está conmigo.

Eso es todo. A lo lejos alguien canta. A lo lejos.
Mi alma no se contenta con haberla perdido.

Como para acercarla mi mirada la busca.
20 Mi corazón la busca, y ella no está conmigo.

La misma noche que hace blanquear[4] los mismos árboles.
Nosotros, los de entonces, ya no somos los mismos.

Ya no la quiero, es cierto, pero cuánto la quise.
Mi voz buscaba el viento para tocar su oído.

25 De otro. Será de otro. Como antes de mis besos.
Su voz, su cuerpo claro. Sus ojos infinitos.

---

[1]**estrellada** starry [2]**tiritar** to shiver [3]**como al pasto el rocío** like dew upon the
grass [4]**blanquear** to whiten

Ya no la quiero, es cierto, pero tal vez la quiero.
Es tan corto el amor, y es tan largo el olvido.

Porque en noches como ésta la tuve entre mis brazos,
mi alma no se contenta con haberla perdido.

Aunque este sea el último dolor que ella me causa,   5
y estos sean los últimos versos que yo le escribo.

Regresos
MEIRA DELMAR

Quiero volver a la que un día
llamamos todos nuestra casa.
Subir las viejas escaleras,
abrir las puertas, las ventanas.   10

Quiero quedarme un rato, un rato,
oyendo aquella misma lluvia
que nunca supe a ciencia cierta
si era de agua o si era música.

Quiero salir a los balcones   15
donde una niña se asomaba
a ver llegar las golondrinas[5]
que con diciembre regresaban.

Tal vez la encuentre todavía[6]
fijos los ojos en el tiempo,   20
con una llama[7] de distancias
en la pequeña frente ardiendo.[8]

Quiero cruzar el patio tibio
de sol y rosas y cigarras.[9]
Tocar los muros encalados,[10]   25
el eco ausente de las jaulas.

---

[5]**las golondrinas** swallows [6]**tal... todavía** maybe I will still find her [7]**la llama** flame [8]**arder** to burn [9]**la cigarra** cicada [10]**muros encalados** whitewashed walls

Acaso aún estén volando
en torno suyo las palomas,[11]
y me señalen el camino
que va borrándose en la sombra.
5 Quiero saber si lo que busco
queda en el sueño o en la infancia.
Que voy perdida y he de hallarme
en otro sitio, rostro y alma.

POSTREADING ACTIVITIES

READING COMPREHENSION

Select the word or phrase that best completes each statement according to the readings.

Poema XX

1. El tema del poema es...
   a) la noche.
   b) la naturaleza.
   c) el amor.
   d) escribir versos.
2. Los versos que escribe el poeta son...
   a) tristes.
   b) indiferentes.
   c) lejanos.
   d) infinitos.
3. ¿Qué sentía el poeta hacia su amada?
   a) La quería muchísimo.
   b) Era indiferente.
   c) Pensaba que era de otro.
   d) Se contenta con haberla perdido.

---

[11]**acaso... palomas** perhaps the pigeons are still flying around them (*the bird cages*)

4. ¿Amaba la mujer al poeta?
   a) No se sabe.
   b) Nunca lo amó.
   c) Sí, lo quiso.
   d) Era totalmente indiferente.

5. ¿Por qué cree el poeta que todavía la quiere?
   a) Porque el amor es muy largo.
   b) Porque no se contenta con haberla perdido.
   c) Porque ella es de otro.
   d) Porque todavía son los mismos.

Regresos

6. ¿A dónde quiere volver la poeta?
   a) A la época de su infancia.
   b) A la casa donde ahora vive.
   c) A un patio ardiente.
   d) A un balcón distante.

7. ¿Quién es la "niña" que se asomaba a los balcones?
   a) Su hermana.
   b) Ella misma.
   c) Una amiga.
   d) Una paloma.

8. ¿Cómo es el patio que se describe en el poema?
   a) Ardiente.
   b) Fijo.
   c) Harmonioso.
   d) Travieso.

9. ¿Qué quiere recuperar la poeta en el patio?
   a) Unas palomas ausentes.
   b) El camino de su vida.
   c) Sol, rosas y cigarras.
   d) Unas jaulas de pajáros.

10. ¿Cómo se siente la poeta en relación con su vida presente?
    a) Contenta.
    b) Ausente.
    c) Traviesa.
    d) Perdida.

STRUCTURES

A. The Infinitive

> The infinitive is used in Spanish in the following situations: 1)
> as a direct object; 2) as the object of a preposition; 3) with
> **al** to express the idea of *on* or *upon* doing something; 4) as a
> noun.
>
> 1. Quiero **quedarme** un rato en tu casa.
> 2. Ella se asomaba a **ver** las golondrinas.
> 3. Al **salir** vio las jaulas vacías.
> 4. El **amar** sin complicaciones no es interesante.

Rewrite the following paragraphs, using the infinitives listed below. More than one answer may be correct. Review the poems
before completing these exercises.

1. olvidar   crear   sentir
   pensar   blanquear   oír
   haberla   recordar   amar

En *Poema XX*, Neruda nos dice que puede _____ los versos más
tristes sobre el amor. Se emociona al _____ que no tiene a su
amada y al _____ que la ha perdido para siempre. _____ la
noche inmensa es triste porque está sin ella. Su alma no se contenta con _____ perdido. La noche que hace _____ los árboles
le hace _____ al poeta que si _____ es muy corto, _____ es muy
largo.

2. quedarse   saber   volver
   llegar   subir   hallarse
   abrir

En *Regresos*, Delmar desea _____ a la casa de su infancia para
_____ las viejas escaleras y _____ las puertas y ventanas. Quiere
_____ un rato oyendo la lluvia que todavía no sabe si era de
agua o de música. La poeta recuerda que cuando era niña se asomaba a ver _____ las golondrinas que regresaban en diciembre.
En sus recuerdos del pasado desea _____ si lo que busca es
parte de un sueño o de su infancia. Cree que está perdida,
pero que pronto va a _____ a sí misma.

B. *The Present Perfect Tense*

Answer the following questions, using the present perfect tense of the verbs in italics. Use object pronouns wherever possible.

EXAMPLE: ¿Quiere Ud. **abrir** puertas y ventanas?
         Ya las he abierto.

1. ¿Va él a *escribir* unos versos tristes?
2. ¿*Recuerdan* ellos sus bromas de la niñez?
3. ¿*Borran* los estudiantes la pizarra después de la clase?
4. ¿*Ve* el hombre a su amada a lo lejos?
5. ¿*Muere* el amor del poeta con el tiempo?
6. ¿Se *halla* la señora a sí misma?

WRITING PRACTICE

Working in pairs, create a five line poem (*cinquain*) according to the following directions.

Verse 1: State the subject in one word (noun).
Verse 2: Describe the subject in two words (nouns or adjectives).
Verse 3: Define an action about the subject in three words (verbs, infinitives, gerunds, etc.).
Verse 4: State an emotion about the subject in four words (a short sentence).
Verse 5: Summarize the theme in one word.

Be sure to use the vocabulary and grammar you have learned in this section.

COMMUNICATIVE ACTIVITY

Prepare one of the two questions listed below to discuss in class with two classmates. At the end of your discussion, summarize your observations for the other members of the class.

1. ¿Qué opina Ud. del *Poema XX*? ¿Es romántico? ¿Ha tenido Ud. una experiencia similar? ¿Es verdad que es difícil olvidar un amor perdido? ¿Por qué?

2. Haga una descripción simple de su primera casa. ¿Cómo era? ¿Cuántas habitaciones tenía? ¿Tenía patio? Descríbala. ¿Qué es lo que más recuerda de su infancia en esta casa?

Un día de estos

GABRIEL GARCÍA MÁRQUEZ

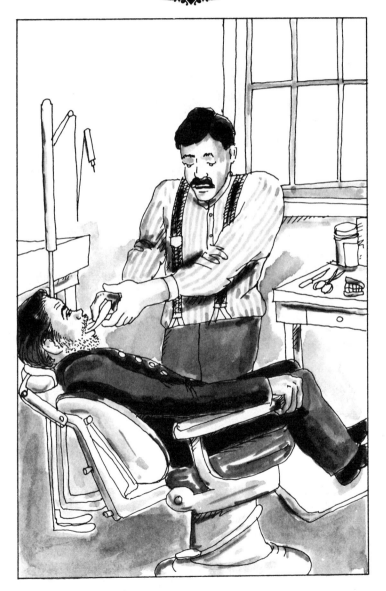

BASIC VOCABULARY

Nouns

el **alcalde**   mayor
la **barba**   beard
la **cacerola**   cooking pan, pot
la **dentadura**   denture
la **dentadura postiza**   false teeth
el **diente**   tooth
la **fresa**   drill
el **gabinete**   office
el **gatillo**   dental forceps, trigger
la **gaveta**   drawer

la **mandíbula**   jaw
la **mejilla**   cheek
la **muela**   tooth
la **muela dañada** (o **picada**)   decayed tooth
la **muñeca**   wrist, doll
las **pinzas**   forceps, pliers
el **puente**   bridge
el **puñado**   handful, fistful
el, la **sordo/a**   deaf person
el **suspiro**   sigh

Verbs

afeitarse   to shave
amanecer   to dawn, to break (*daybreak*)
apresurarse   to hurry up
doler (ue)   to hurt; **me duele la cabeza** my head is hurting

hervir   to boil
pedalear   to pedal
pulir   to polish
temblar   to shake

Adjectives

cauteloso(-a)   cautious
cordal, muela cordal   wisdom tooth

dolorido(-a)   aching
hinchado(-a)   swollen
marchito(-a)   withered

(continued)

90

Useful Expressions

buen madrugador early riser

cajita de cartón small cardboard box

camisa a rayas striped shirt

camisa sin cuello shirt without collar

es la misma vaina it's all the same

hacer buches to gargle

¡mejor! so much the better!

pasar la cuenta to send the bill

pomos de loza porcelain flasks

ponerse de pie to stand up

punta del zapato the tip of the shoe

rodar (algo) con to move (something) with

sacar una muela to pull out a tooth

salita de espera waiting room

secarse las lágrimas to dry one's tears

VOCABULARY USAGE

A. Select the word that does not belong to each group.

1. dentadura, muela, cordal, cuello, puente
2. gaveta, silla, mesa, pedal, mejilla
3. pantalones, camisa, zapato, fresa
4. mejilla, mano, ojo, muñeca, cacerola
5. pomos de loza, gaveta, gatillo, fresa, pinzas
6. dolorido, hinchado, desesperado, anestesiado

B. Write complete sentences of your own, using the following expressions.

1. secarse las lágrimas
2. hacer buches
3. sacar una muela
4. ponerse de pie
5. ser buen madrugador

Cognates and Word Formation

It is often possible to form a noun from certain Spanish **-ar** verbs by dropping the infinitive ending and adding **-a** or **-o.**

practicar ⟶ la práctic**a**
abandonar ⟶ el abandon**o**

Nouns ending in **-ción** are usually derived from **-ar** verbs.

conversar ⟶ la conversa**ción**
operar ⟶ la opera**ción**

A. Give the Spanish **-ar** verbs from which the following nouns are derived.

1. desesperación
2. obstinación
3. examinación
4. observación
5. situación

B. Give the English cognates of the words in italics.

1. Después de observar la muela dañada, ajustó la *mandíbula* con una cautelosa presión de los dedos.
2. Llevó a la mesa de trabajo los *instrumentos* hervidos.
3. El *dentista* sin título le sacó una muela al alcalde.
4. Es necesario *pedalear* la fresa.
5. El alcalde se despidió con un saludo *militar.*

Take a Guess

Which words do you associate with the following descriptions?

1. Persona que se ocupa con lo relativo a los dientes y enfermedades de la boca.

2. Nombre de los dientes grandes y posteriores.

mejilla

muñeca

3. Parte del brazo que se articula con la mano.

4. Instrumento para arreglar los dientes.

5. Conjunto de dientes y muelas de una persona.

6. Oficina para recibir las visitas de los pacientes.

7. Pelo que nace en la cara debajo de la boca.

8. Parte saliente del rostro debajo los ojos.

muelas

barba

dentista

fresa

gabinete

dentadura

USING VOCABULARY IN CONTEXT

Fill in the blanks with the appropriate words from the list below. Make sure the paragraph makes sense.

sillón	ojos	abrió
gabinete	barba	hervidos
muela	mejilla	gatillo
desesperación	pomos de loza	

El hombre que entró al _gabinete_ del dentista tenía la _muela_ izquierda muy hinchada y una _barba_ de cinco días porque no se había podido afeitar. Se sentó en el _sillón_ verde, recostó la cabeza y _abrió_ la boca. El dentista vio en sus _ojos_ muchas noches de _desesperación_. Cautelosamente cogió los instrumentos _hervidos_ que tenía en una vidriera llena con _pomos de loza_. Después abrió las piernas y apretó la _mejilla_ dañada con el _gatillo_ caliente.

Un día de estos
GABRIEL GARCÍA MÁRQUEZ

El lunes amaneció tibio y sin lluvia. Don Aurelio Escovar, dentista sin título y buen madrugador, abrió su gabinete a las seis. Sacó de la vidriera[1] una dentadura postiza montada aún en el molde de yeso[2] y puso sobre la mesa un puñado de instrumentos que ordenó de mayor a menor, como en una exposición. Llevaba una camisa a rayas, sin cuello, cerrada arriba con un botón dorado, y los pantalones sostenidos con cargadores elásticos.[3] Era rígido, enjuto,[4] con una mirada que raras veces correspondía a la situación, como la mirada de los sordos.

Cuando tuvo las cosas dispuestas sobre la mesa, rodó la fresa hacia el sillón de resortes[5] y se sentó a pulir la dentadura postiza. Parecía no pensar en lo que hacía, pero trabajaba con obstinación, pedaleando en la fresa incluso cuando no se servía de ella.[6]

Después de las ocho hizo una pausa para mirar el cielo por la ventana y vio dos gallinazos[7] pensativos que se secaban al sol en el caballete[8] de la casa vecina. Siguió trabajando con la idea de que antes del almuerzo volvería a llover. La voz destemplada[9] de su hijo de once años lo sacó de su abstracción.

—Papá.

—Qué.

—Dice el alcalde que si le sacas una muela.

—Dile que no estoy aquí.

Estaba puliendo un diente de oro. Lo retiró a la distancia del brazo y lo examinó con los ojos a medio cerrar. En la salita de espera volvió a gritar su hijo.

—Dice que sí estás porque te está oyendo.

El dentista siguió examinando el diente. Sólo cuando lo puso en la mesa con los trabajos terminados, dijo:

—Mejor.

Volvió a operar la fresa. De una cajita de cartón donde guar-

---

[1]**vidriera** glass showcase [2]**molde de yeso** moulding made out of plaster [3]**los pantalones... elásticos** pants held up by suspenders [4]**enjuto(-a)** lean [5]**sillón de resortes** dentist chair [6]**pedaleando... de ella** pedaling away at the drill even when not using it [7]**gallinazos** buzzards [8]**caballete** roof ridge [9]**destemplado(-a)** shrill

daba las cosas por hacer, sacó un puente de varias piezas y empezó a pulir el oro.

—Papá.

—Qué.

Aún no había cambiado de expresión.   5

—Dice que si no le sacas la muela te pega un tiro.[10]

Sin apresurarse, con un movimiento extremadamente tranquilo, dejó de pedalear en la fresa, la retiró del sillón y abrió por completo la gaveta inferior de la mesa. Allí estaba el revólver.

—Bueno —dijo—. Dile que venga a pegármelo.   10

Hizo girar el sillón hasta quedar de frente a la puerta, la mano apoyada en el borde de la gaveta. El alcalde apareció en .el umbral.[11] Se había afeitado la mejilla izquierda, pero en la otra, hinchada y dolorida, tenía una barba de cinco días. El dentista vio en sus ojos marchitos muchas noches de desesperación. Cerró   15 la gaveta con la punta de los dedos y dijo suavemente.

—Siéntese.

—Buenos días —dijo el alcalde.

—Buenos —dijo el dentista.

Mientras hervían los instrumentos, el alcalde apoyó el cráneo   20 en el cabezal de la silla[12] y se sintió mejor. Respiraba un olor glacial. Era un gabinete pobre: una vieja silla de madera, la fresa de pedal y una vidriera con pomos de loza. Frente a la silla, una ventana con un cancel de tela[13] hasta la altura de un hombre. Cuando sintió que el dentista se acercaba, el alcalde afirmó los   25 talones[14] y abrió la boca.

Don Aurelio Escovar le movió la cara hacia la luz. Después de observar la muela dañada, ajustó la mandíbula con una cautelosa presión de los dedos.

—Tiene que ser sin anestesia —dijo.   30

—¿Por qué?

—Porque tiene un absceso.

El alcalde lo miró a los ojos.

—Está bien —dijo, y trató de sonreír. El dentista no le correspondió. Llevó a la mesa de trabajo la cacerola con los ins-   35 trumentos hervidos y los sacó del agua con unas pinzas frías,

---

[10]**te pega un tiro** he will shoot you   [11]**umbral** threshold   [12]**apoyó... silla** he leaned the back of his head on the headrest   [13]**un cancel de tela** cloth screen   [14]**afirmó los talones** dug in his heels

todavía sin apresurarse. Después rodó la escupidera con la punta del zapato y fue a lavarse las manos en el aguamanil.[15] Hizo todo sin mirar al alcalde. Pero el alcalde no lo perdió de vista.

Era una cordal inferior. El dentista abrió las piernas y apretó
5 la muela con el gatillo caliente. El alcalde se aferró a las barras de la silla, descargó toda su fuerza en los pies y sintió un vacío helado en los riñones,[16] pero no soltó un suspiro. El dentista sólo movió la muñeca. Sin rencor, más bien con una amarga ternura, dijo:

10 —Aquí nos paga veinte muertos,[17] teniente.

El alcalde sintió un crujido[18] de huesos en la mandíbula y sus ojos se llenaron de lágrimas. Pero no suspiró hasta que no sintió salir la muela. Entonces la vio a través de las lágrimas. Le pareció tan extraña a su dolor, que no pudo entender la tortura
15 de sus cinco noches anteriores. Inclinado sobre la escupidera, sudoroso, jadeante, se desabotonó la guerrera y buscó a tientas el pañuelo en el bolsillo del pantalón. El dentista le dio un trapo limpio.

—Séquese las lágrimas —dijo.

20 El alcalde lo hizo. Estaba temblando. Mientras el dentista se lavaba las manos, vio el cielorraso desfondado y una telaraña polvorienta con huevos de araña e insectos muertos.[19] El dentista regresó secándose las manos. «Acuéstese —dijo— y haga buches de agua de sal.» El alcalde se puso de pie, se despidió con un
25 displicente saludo militar, y se dirigió a la puerta estirando las piernas, sin abotonarse la guerrera.

—Me pasa la cuenta —dijo.

—¿A usted o al municipio?

El alcalde no lo miró. Cerró la puerta, y dijo, a través de la
30 red metálica:

—Es la misma vaina.

---

[15]**aguamanil** washstand [16]**sintió... riñones** felt an icy emptiness in his kidneys
[17]**aquí... muertos** here you are paying us for twenty deaths (*you have caused*)
[18]**crujido** sound of bones being crushed [19]**el cielorraso... muertos** the cracked
ceiling from which a dusty cobweb hung, full of spider eggs and dead insects

READING COMPREHENSION

Answer the following questions in Spanish based on the reading.

1. ¿Por qué se levantó tan temprano don Aurelio Escovar?
2. ¿Qué sacó el dentista de la vidriera?
3. ¿Cómo estaba vestido?
4. ¿Qué hizo después de tener todos los instrumentos dispuestos sobre la mesa?
5. ¿Qué vio a través de la ventana al hacer una pausa?
6. ¿Qué le vino a decir su hijo?
7. ¿Quién era el paciente que buscaba sus servicios? Descríbalo.
8. ¿Qué le mandó decir el alcalde al dentista?
9. ¿Qué le contestó don Aurelio Escovar?
10. ¿Qué había en la gaveta de la mesa del dentista?
11. ¿Por qué decidió cerrar la gaveta?
12. Describa el interior del gabinete del dentista.
13. ¿Qué hizo el alcalde cuando sintió que el dentista se acercaba a él?
14. ¿Por qué decidió don Aurelio operar sin anestesia?
15. ¿Cómo reaccionó el alcalde?

STRUCTURES

A. The Past Progressive Tense

What was the dentist doing when the mayor arrived? Describe the dentist's activities using the following verbs in the past progressive. Make all necessary changes and add any vocabulary items you feel are necessary. The first sentence is done for you.

trabajar	pedalear	pulir	mirar
secarse	examinar	ordenar	

1. El dentista **estaba trabajando** en su gabinete.
2. _____
3. _____
4. _____
5. _____
6. _____
7. _____

B. *Preterit versus Imperfect*

Describe what took place in the dentist's office by completing the following paragraphs with the appropriate form of the preterit or imperfect tense of the verbs in parentheses.

1. El dentista (abrir) _____ su gabinete a las seis de la mañana. (Sacar) _____ de la vidriera una dentadura postiza y (poner) _____ sobre la mesa un puñado de instrumentos.
2. El dentista (ser) _____ rígido y enjuto. (Parecer) _____ no pensar en lo que (hacer) _____, pero (trabajar) _____ con obstinación. Esa mañana (llevar) _____ una camisa a rayas y pantalones con cargadores.
3. El alcalde (tener) _____ la mejilla hinchada y dolorida. (Llevar) _____ cinco días sin dormir y sin afeitarse.
4. El gabinete del dentista (ser) _____ pobre. (Haber) _____ allí una silla de madera vieja, una fresa de pedal y una vidriera.
5. El dentista (sacar) _____ los instrumentos y le (mover) _____ la cabeza al alcalde. El paciente entonces (sentir) _____ la presión de los dedos en la mejilla, lo (mirar) _____ a los ojos y (abrir) _____ la boca.

C. *The Pluperfect Tense*

Complete the following sentences, using the appropriate form of the pluperfect tense of the verbs in parentheses. Remember that the pluperfect tense is used to express a past action completed prior to another past action.

1. El alcalde no se (afeitar) _____ cuando fue a ver al dentista.
2. En esos días (llover) _____ mucho en el pueblo.
3. El dentista no (cambiar) _____ de expresión cuando entró su hijo al gabinete.
4. Nosotros no (abrir) _____ la gaveta inferior de la mesa cuando él llegó.
5. El alcalde (sentir) _____ mucho dolor durante cinco días.
6. El trabajo del dentista (ser) _____ sin anestesia para vengarse del alcalde.
7. El alcalde y los políticos del pueblo (matar) _____ a muchas personas.

WRITING PRACTICE

Write a short essay of at least eighty-five words in Spanish about the behavior of the dentist in *Un día de estos*. Use some or all of the following words and expressions. Your composition will be evaluated for grammatical correctness and vocabulary usage.

muerto	derramar	gobierno
sanguinario	a escondidas	alcalde
muela	dolorido	temblar
cauteloso	es la misma	pasar la cuenta
hinchado	vaina	sin anestesia
represión	vengarse	pueblo
política		

COMMUNICATIVE ACTIVITY

Prepare to discuss the following questions in class.

1. ¿Ha tenido Ud. una experiencia como la del alcalde? Descríbala.
2. ¿Qué quiere decir la expresión «Aquí nos paga veinte muertos, teniente»?
3. Describa su primera visita al gabinete de un dentista.
4. Haga un resumen oral del tema de *Un día de estos*.

—◦•✛◆✛•◦—

REVIEW EXERCISE

After reviewing the vocabulary and grammar covered in Part Two, complete the paragraph below by providing the correct verb forms or the Spanish equivalents of the words in parentheses.

Ahora que (*I have finished*) _____ la segunda parte de este libro de lecturas, sé perfectamente bien el origen del color de las (*legs*) _____ de los flamencos. Entiendo que la explicación es (*product*) _____ de la imaginación del cuentista uruguayo Quiroga, pero de todas maneras me parece (*interesting*) _____. (*These*) _____ pájaros altos y (*thin*) _____ antes tenían las patas muy blancas pero hoy día las tienen (*red*) _____. Los flamencos (*remained*) _____ horas y horas con las patas metidas dentro del agua porque quieren (*to cure*) _____ del dolor y al mismo tiempo (*to take revenge*) _____ de los peces que se (*make fun*) _____ de ellos. Cuando un pez se (*to get close*) _____ demasiado y (*to trip over*) _____ con las patas de los flamencos, éstos (*to stoop*) _____ su (*neck*) _____ largo y flaco y devoran a cuanto pez (*to find*) _____.

El tema de la (*revenge*) _____ está también presente en *Un día de estos* del narrador colombiano García Márquez. Aunque el cuento también es producto de la imaginación, los eventos (*narrated*) _____ pueden ser reales. Es verdad que el alcalde, que (*to tremble*) _____ debido al dolor, había (*spilled*) _____ la sangre de más de un (*handful*) _____ de personas del (*town*) _____. El dentista como hombre (*professional*) _____ sintió la obligación de sacarle la muela con las (*forceps*) _____ calientes, aunque lo hizo sin (*anesthesia*) _____.

PART THREE

—•◦✦✷◆✷✦◦•—

Two short plays are included in Part Three: *No hay que complicar la felicidad,* a minidrama by the Argentinian writer Marco Denevi (1922), and a one-act play, *Los fantoches,* by the Guatemalan playwright, Carlos Solórzano (1922). The latter is presented in two parts so that it may be covered more effectively in the classroom.

Marco Denevi first became known for his novel *Rosaura a las diez* (1955), but his short sketches and mini-dramas have also been widely acclaimed. *No hay que complicar la felicidad* demonstrates his ability to present humanity's complex nature through brief and simple literary vignettes. The ironical and unexpected ending of *No hay que complicar la felicidad* reflects a serious meditation on our own follies.

Carlos Solórzano holds a degree in architecture and a doctorate in literature from the National University of Mexico, where he is professor of drama and literature. He has also studied drama in France (1948–1951), and has directed professional theater in Mexico. Most of his plays examine the human condition through religious symbolism and philosophical inquiries. During the last two decades his work has primarily consisted of one-act plays and novels. In *Los fantoches,* Solórzano utilizes the vernacular puppet theater as a literary device to explore our destiny after death. *Los fantoches* is based on the "Burning of Judas," a Mexican tradition celebrated on Easter Saturday. During the annual ceremony, the townspeople hold symbolic burnings of gigantic puppets on the streets in order to release frustration caused by all types of injustice.

STUDY GUIDE

The following suggestions will help you in reading the two plays and in preparing for class activities.

1. The words and expressions used in the plays are generally more difficult and varied than those used in previous selections. Here again you should begin with the Prereading Activities, paying particular attention to the Vocabulary and Cognate and Word Formation sections. Apply these rules to words you encounter as you read, and try to guess the meaning of unfamiliar words by their context. You should also scan the plays to grasp the main points of each reading.

2. Review the following points of grammar covered in this unit: reflexive verbs, infinitives, the present subjunctive tense, the future tense, the conditional tense, formal and informal commands, and the imperfect subjunctive tense.

3. Review the points of grammar studied in each section before doing the Writing Practice.

4. Prepare the Communicative Activity in advance. Write down your thoughts on the topic you have chosen for discussion, and practice them aloud several times to improve your oral skills.

No hay que complicar la felicidad

MARCO DENEVI

BASIC VOCABULARY

Nouns

el **ademán** expression, look, gesture

los **celos** jealousy
el **disparo** shot

Verbs

adivinar to guess
alimentar to feed
complacer (zc) to please
despojar to strip, to take away

fingir to feign, to pretend
reír to laugh

Useful Expressions

al cabo de after, upon finishing something
bajo los árboles under the trees
basta that's enough
cuidado beware

dejar de (+ *infinitivo*) to stop (*doing something*)
demasiado simple too simple
tener una expresión sombría to have a somber expression

VOCABULARY USAGE

A. Write complete sentences of your own, using the following expressions.

1. dejar de
2. ponerse de pie
3. al cabo de
4. tener una expresión sombría
5. tener celos

B. Translate the following sentences.

1. No hay que complicar la felicidad.
2. ¿Lo dices para que yo tenga celos?
3. Lo has adivinado.
4. Él se pasea haciendo ademanes de furor.
5. ¡Qué niños son los hombres!

COGNATES AND WORD FORMATION

A. Scanning *No hay que complicar la felicidad,* try to find the Spanish cognates of the following words.

1. violently
2. stimulus
3. to confess
4. to complicate
5. simple
6. to suffer
7. to disappear
8. monotonous
9. instant
10. to spy
11. to descend

B. Give the English equivalents of the following words.

1. felicidad
2. popularidad
3. individualidad
4. responsabilidad
5. moralidad

TAKE A GUESS

Which words do you associate with the following descriptions?

1. El esposo tiene una expresión sombría.

violencia

2. Se pone violentamente de pie.

inseguridad

3. Ellos vuelven a besarse.

tristeza

4. El hombre hace ademanes de furor.

reacción

5. Él siente celos de vez en cuando.

amor

USING VOCABULARY IN CONTEXT

Fill in the blanks with the appropriate words from the list below.
Make sure the paragraph makes sense.

fingir	celos	complacer
bajo los árboles	demasiado simple	amor

La escena entre los amantes tiene lugar _____ en un parque. El
infeliz protagonista cree que el _____ sin complicaciones es
_____ y que es necesario dudar y tener _____ para amar de
verdad. Su amiga decide _____ que hay otro hombre en su
vida para _____ al novio celoso.

No hay que complicar la felicidad
MARCO DENEVI

Un parque. Sentados bajo los árboles, ella y él se besan.

Él: Te amo.

Ella: Te amo.

Vuelven a besarse.

Él: Te amo.   5

Ella: Te amo.

Vuelven a besarse.

Él: Te amo.

Ella: Te amo.

Él se pone violentamente de pie.   10

Él: ¡Basta! ¿Siempre lo mismo? ¿Por qué, cuando te digo que te amo, no contestas que amas a otro?

Ella: ¿A qué otro?

Él: A nadie. Pero lo dices para que yo tenga celos. Los celos alimentan al amor. Despojado de ese estímulo, el amor langui- 15 dece.[1] Nuestra felicidad es demasiado simple, demasiado monótona. Hay que complicarla un poco. ¿Comprendes?

Ella: No quería confesártelo porque pensé que sufrirías.[2] Pero lo has adivinado.

Él: ¿Qué es lo que adiviné?   20

Ella se levanta, se aleja unos pasos.

Ella: Que amo a otro.

Él: Lo dices para complacerme. Porque yo te lo pedí.

---

[1]**languidecer** to languish [2]**pensé que sufrirías** I thought you would suffer

Ella: No. Amo a otro.

Él: ¿A qué otro?

Ella: No lo conoces.

Un silencio. Él tiene una expresión sombría.

5   **Él:** Entonces ¿es verdad?

Ella: (*Dulcemente*) Sí. Es verdad.

*Él se pasea haciendo ademanes de furor.*³

Él: Siento celos. No finjo, créeme. Siento celos. Me gustaría matar a ese otro.⁴

10   **Ella:** (*Dulcemente*) Está allí.

Él: ¿Dónde?

Ella: Allí, detrás de aquellos árboles.

Él: ¿Qué hace?

Ella: Nos espía. También él es celoso.

15   **Él:** Iré en su busca.⁵

Ella: Cuidado. Quiere matarte.

Él: No le tengo miedo.

Él desaparece entre los árboles. Al quedar sola, ella ríe.

Ella: ¡Qué niños son los hombres! Para ellos, hasta el amor
20 es un juego.

Se oye el disparo de un revólver. Ella deja de reír.

Ella: Juan.

Silencio.

Ella: (*Más alto*) Juan.

---

³**él... furor** he walks up and down gesturing angrily   ⁴**me... otro** I would like to kill that other one   ⁵**iré en su busca** I will go after him

Silencio.

Ella: (*Grita*) ¡Juan!

Silencio. Ella corre y desaparece entre los árboles. Al cabo de unos instantes se oye el grito desgarrador[6] de ella.

Ella: ¡Juan!   5

Silencio. Después desciende el telón.[7]

POSTREADING ACTIVITIES

READING COMPREHENSION

Answer the following questions in Spanish based on the reading.

1. ¿Dónde tiene lugar la acción?
2. ¿Dónde están sentados él y ella?
3. ¿Qué hacen?
4. ¿Por qué se pone él violentamente de pie?
5. ¿Por qué quiere tener celos?
6. ¿Cómo considera él su felicidad?
7. ¿Qué responde ella?
8. ¿Cómo reacciona él?
9. ¿Dónde le dice ella que está el «otro»?
10. ¿Por que se ríe ella al quedar sola?
11. ¿Qué se oye?
12. ¿Qué pasa al final del drama?
13. ¿Qué cree Ud. que ha pasado cuando el hombre desaparece entre los árboles?

---

[6]**grito desgarrador** heartbreaking cry [7]**desciende el telón** the curtain falls

STRUCTURES

A. Reflexive Verbs

Rewrite the following sentences, using the appropriate present tense forms of the reflexive verbs in parentheses.

1. Ellos (besarse) _____ en el parque.
2. El esposo (ponerse) _____ violentamente de pie.
3. La esposa (levantarse) _____ haciendo ademanes de furor.
4. Nosotros (pasearse) _____ y (alejarse) unos pasos del parque.
5. ¿(Matarse) _____ tú por el amor de otra persona?

B. The Infinitive

Rewrite the paragraph below, using the following infinitives.

ir	tener	quedarse
complicar	(el) amar	querer
matar	jugar	complacerle
saber	besar	creer

Al _____ a su esposa varias veces, el esposo quiso _____ si ella verdaderamente le amaba. Él pensaba que había que _____ la felicidad para _____ unas buenas relaciones. Para _____, la esposa le confesó que amaba a otro, pero esto no era verdad. Lleno de celos, el esposo quería _____ al otro y por eso decidió _____ en su busca. Al _____ sola, la esposa se rió mucho porque pensaba que para _____ a otra persona no había necesidad de _____ esta clase de juegos. Para ella, _____ era _____ totalmente en el otro.

C. The Present Subjunctive Tense

To form the present subjunctive, drop the **-o** ending of the first-person singular of the present indicative, and add the following endings:

-ar verbs	**-e, -es, -e, -emos, -éis, -en**
-er and **-ir** verbs	**-a, -as, -a, -amos, -áis, -an**

The following verbs are irregular in the present subjunctive:

dar   ⟶   **dé, des, dé, demos, déis, den**
estar   ⟶   **esté, estés, esté, estemos, estéis, estén**
haber ⟶   **haya, hayas, haya, hayamos, hayáis, hayan**
ir   ⟶   **vaya, vayas, vaya, vayamos, vayáis, vayan**
saber ⟶   **sepa, sepas, sepa, sepamos, sepáis, sepan**
ser   ⟶   **sea, seas, sea, seamos, seáis, sean**

Rewrite the following sentences, using the present subjunctive tense of the verbs in parentheses.

1. ¿Lo dices para que yo (tener) _____ celos?
2. ¿Quieres que nosotros (ir) _____ contigo?
3. No quiero que tú (saber) _____ la verdad.
4. Voy a hablar cuando ellos (estar) _____ en silencio.
5. Dudo que ella (amar) _____ a otro hombre.

WRITING PRACTICE

Create a short dialogue between a man and woman in love who disagree about something. Use the vocabulary and grammatical structures studied in *No hay que complicar la felicidad*. Your mini-drama should be at least 100 words in length.

COMMUNICATIVE ACTIVITY

A. With one of your classmates, create a new, humorous ending to *No hay que complicar la felicidad*. Begin with the line, «¡Qué niños son los hombres! Para ellos hasta el amor es un juego.»

B. Ask a classmate the following questions; then report your findings to the class.

1. ¿Eres celoso? ¿Por qué? ¿Conoces a muchas personas celosas? ¿Cómo son? ¿Qué piensas de ellas? ¿Sufren mucho las personas celosas? ¿Por qué?

2. ¿Crees que las mujeres son más celosas que los hombres? ¿Es bueno tener celos? ¿Es posible no ser celoso y amar con pasión? ¿Languidece el amor sin celos? ¿Por qué?

3. ¿De qué otra manera se puede complicar la felicidad? ¿Es una característica humana complicar la felicidad? ¿A qué tipo de persona le gusta complicarla? ¿Conoce a alguien que sea así?

*L*os fantoches
*M*imodrama para marionetas en dos partes
CARLOS SOLÓRZANO

I

BASIC VOCABULARY

Nouns

la **articulación** joint
el **bigote** moustache
la **calabaza** pumpkin
el **cartucho** cartridge
el **conejo** rabbit
la **corbata** tie
la **coyuntura** joint,
  articulation
la **gorra** cap, hat
la **maldad** badness,
  wickedness, evil
las **mallas** tights
el, la **muñeco/a** puppet,
  doll, dummy
el **músculo** muscle

las **patillas** sideburns
la **peluca** wig
la **penumbra** semi-
  obscurity
el **peso** weight
la **pestaña** eyelash
el **petardo** firecracker
el **pico** sharp point
  pico de bambú bamboo
  strips
el **polvo** dust, powder
la **pólvora** gunpowder
la **punta** point, tip
el **remordimiento** remorse
el **tambor** drum

Verbs

aburrirse to get bored
alcanzar to reach
enojarse to get angry
estallar to explode, to
  blow up

golpear to hit, to strike,
  to drum, to beat
incorporarse to get up
pinchar to prick

Adjectives

acariciador(-a) caressing
arrobado(-a) fascinated
brillante glittering, shiny
ciego(-a) blind
defectuoso(-a) defective,
  faulty

embelesado(-a) fascinated
inestable unstable
jorobado(-a) hunch-
  backed

(continued)

114

Useful Expressions

a tus años at your age

caer de bruces to fall flat on one's face

dar un manotazo to slap

estar de espaldas to have one's back turned

latido del corazón heartbeat

no valer nada not to be worth a thing, to be worthless

tocar el turno to be one's turn

VOCABULARY USAGE

A. Select the word that does not belong to each group.

1. bigote, patillas, pestaña, barba, boca, pelo
2. petardo, pico, pólvora, polvo, explosivo
3. gorra, mallas, corbata, tambor, zapato, vestido
4. penumbra, luz, oscuridad, sombra
5. conejo, burro, calabaza, sapo, rana, víbora

B. Match the words in *Column B* with the definitions in *Column A.*

A	**B**
1. _____ instrumento musical de percusión	a. músculo
	b. corbata
	c. articulación, coyuntura
2. _____ mezcla inflamable	d. bigote
3. _____ pelo que cubre el labio superior	e. pólvora
	f. tambor
4. _____ figurilla humana o fantoche	g. muñeco
5. _____ unión de dos huesos	
6. _____ tela que se anuda al cuello para adorno	
7. _____ órgano fibroso cuya contracción produce el movimiento en los seres vivientes	

C. Write complete sentences of your own, using the following expressions.

1. caer de bruces
2. no valer nada
3. dar un manotazo
4. estar de espaldas

5. a tus años
6. incorporarse
7. tocar el turno

COGNATES AND WORD FORMATION

Scan the first page of *Los fantoches* and find the Spanish cognates of the following words.

1. popular
2. figures
3. rigid
4. movement
5. pantomime
6. bamboo
7. traitor
8. humanity

9. different
10. traditional
11. author
12. to represent
13. arts
14. existence
15. cruel
16. plastic

TAKE A GUESS

Read the following excerpts from *Los fantoches* and then choose the correct meaning for the italicized word(s).

1. Esta obra tiene su origen en la *costumbre* mexicana de la «Quema del Judas».
   a) costume
   b) custom-house
   c) tradition

2. Los muñecos *han ido cambiando poco a poco* y adoptando diferentes formas de hombres y mujeres que representan a los personajes más populares del momento, en la política, en el cinematógrafo, etc.
   a) have evolved little
   b) have changed slowly
   c) have not evolved much

3. Los personajes, vestidos todos con mallas coloridas *de manera caprichosa*, tendrán todos la cara pintada del mismo color del vestido....
   a) showing wit or fancifulness

   b) following a set pattern
   c) with definite colors in mind
4. EL JOVEN: Representa un atleta con grandes músculos, la cara *rubicunda* y el andar fanfarrón.
   a) rugged
   b) painted in red
   c) ruddy

USING VOCABULARY IN CONTEXT

Fill in the blanks with the appropriate words from the list below. Make sure the paragraph makes sense.

cartucho   vestidos   muñecos
cara   drama   mallas
representan

En *Los fantoches* se ha elegido una serie de _____ para representar con ellos el _____ contemporáneo de la «Quema del Judas». Los personajes aparecen _____ con _____ coloridas y con la _____ pintada del mismo color del vestido. Los fantoches _____ los personajes más populares del momento. En vez de corazón, los muñecos llevan un _____ de pólvora en el pecho.

Los fantoches
Mimodrama para marionetas en dos partes
CARLOS SOLÓRZANO

PERSONAJES

El Viejo que hace a los
muñecos

Su hija, Niña

LOS FANTOCHES

La Mujer, que ama

El Joven, que trabaja

El Artista, que sueña

El Cabezón, que piensa

El Viejito, que cuenta

El Judas, que calla

LUGAR: Este mundo encerrado

I

DECORADO

Un almacén en que se guardan muñecos de «carrizo»[1] y papel pintado en el estilo popular. Se ven por todas partes figuras grotescas y coloridas. Una sola pequeña ventana en lo alto de uno de los muros grisáceos. Una pequeña puerta.

5   *Al correrse el telón[2] está la escena en penumbra, luego entra por la ventanilla un rayo de luz que va aumentando y entonces se ve a los fantoches en posturas rígidas que recuerdan las del sueño. Al hacerse la luz total[3] se van incorporando uno tras otro con movimiento de pantomima. Este movimiento se alternará, a juicio del director, con movi-*
10 *mientos reales y otros rítmicos según la ocasión.*

ACLARACIÓN AL LECTOR EXTRANJERO

Esta obra tiene su origen en la costumbre mexicana de la «Quema del Judas». El Sábado de Gloria,[4] consumada la Pasión de Cristo, el

---

[1]**muñecos de «carrizo»** puppets made of reeds   [2]**Al... telón** when the curtain goes up   [3]**Al... total** when the lights are fully on   [4]**Sábado de Gloria** Easter Saturday

118

pueblo da salida a su deseo de venganza, todos los años, quemando en las calles públicamente unos muñecos gigantescos hechos en bambú y papel pintado a los que se ata una cadena de petardos en las coyunturas y a lo largo de todo el cuerpo, con lo cual se castiga, simbólicamente, al traidor más grande de la Humanidad. 5

Los muñecos han ido cambiando poco a poco y adoptando diferentes formas de hombres y mujeres que representan a los personajes más populares del momento, en la política, el cinematógrafo, etc., pero subsisten otros tradicionales en el arte popular como el Diablo y la Muerte.

En Los fantoches *se ha elegido una serie de muñecos, especialmente* 10 *significativos para el gusto del Autor, para hacerse representar con ellos un drama contemporáneo, de la misma manera que algunos pintores mexicanos han hecho la trasposición de «Los Judas» a las artes plásticas para sugerir con ellos la existencia de un mundo que, tras su brillante colorido aparente, encierra un fondo desgarrado y cruel.*[5] 15

Los personajes, vestidos todos con mallas coloridas de manera caprichosa, tendrán la cara pintada del mismo color del vestido y representarán «tipos» conocidos dentro de la tradición de los muñecos de arte popular de la manera siguiente:

EL JOVEN: *Representa un atleta con grandes músculos, la cara* 20 *rubicunda y el andar fanfarrón.*[6] *Grandes ruedas rojas en las mejillas. Pelo brillante hecho con piel de conejo teñida de negro. Lleva un tambor colgado del cuello.*

EL VIEJITO: *Figura muy conocida, representa un anciano jorobado, de cara picaresca y andar defectuoso. Pelo y barbas hechos con piel de* 25 *borrego.*[7]

LA MUJER: *Vestido blanco, en el que son muy visibles «los picos» del bambú. Es «la muñeca del arte popular». Ojos muy grandes, enormes pestañas y las mejillas muy rojas. Pelo rojizo que cae en cascada.*

EL ARTISTA: *Representa un «joven romántico». Traje a rayas,* 30 *patillas y bigote con grandes puntas y gran corbata. Una gorra negra.*

EL CABEZÓN: *Es una de las figuras más conocidas en el arte popular: Gran cabeza de calabaza hecha de cartón por la que asoma una cara pintada del mismo color que la calabaza. Vestido con hojas. Andar inestable a causa del gran peso de la cabeza.* 35

EL JUDAS: *Cara y vestido verdes con dos grandes serpientes en los brazos, «las sierpes de la maldad», en cuyas cabezas centellean*[8] *los ojos cobrizos.*

---

[5]**encierra... cruel** hides a heartrending and cruel underworld [6]**fanfarrón** braggart [7]**borrego** lamb [8]**centellear** to sparkle

EL VIEJO QUE HACE LOS MUÑECOS: *Representa la figura de un anciano con hábito monacal blanco hasta el suelo. Gran barba y peluca larga hecha de fibra blanca.*

LA NIÑA, SU HIJA: *Representa una «muerte catrina»[9] vestida de*
5 *niña, blanco, con volantes y encajes. Gorra, medias y zapatitos blancos. Máscara de la «Muerte sonriente».[10]*

Durante la representación irá cambiando la luz solar hasta hacerse brillante y luego convertirse en luz de tarde para terminarse en luz azul de luna. Todos los fantoches llevan pintados un cartucho en el pecho y
10 *las ramificaciones en el cuerpo como un sistema circulatorio visible.*

El Joven: *(Incorporándose.)* Ya es de día.

El Viejito: Uno más. *(Se moverá siempre como si le dolieran las articulaciones.)*

El Joven: Es un hermoso día.

15 **El Viejito:** Dices siempre lo mismo al despertar.

El Joven: No hay que perder el tiempo. A trabajar. *(Se sienta y se apodera de un tambor. Con este tambor, a veces sonoro, a veces sordo, expresará el latido del corazón y la naturaleza de sus emociones.)*

La Mujer: Ah... ya empezaste a trabajar... Hagan que se
20 calle. *(El JOVEN la ve embelesado mientras baja el ruido del tambor. La MUJER se despereza con voluptuosidad.)* Qué sueños tan acariciadores.

El Joven: *(Hosco.)* Deberías trabajar tú también.

El Artista: Sí... pero en algo bello, algo artístico, como yo...

25 **El Joven:** Ja... Ja... *(Golpea fuerte.)*

Comienza el golpeteo sonoro.

La Mujer: ¿Qué haces?

El Artista: Estoy cambiando estas rayas color de rosa, que el viejo me ha pintado, por otras color violeta.

---

[9]**«muerte catrina»** Mexican slang for a skeleton dressed in a cowboy outfit
[10]**máscara... sonriente** smiling death's mask

La Mujer: (*Coqueta.*) Me gusta lo que haces; pero ¿no hacías lo mismo ayer?

El Artista: No, ayer cambié las rayas violeta por otras color de rosa.

La Mujer: (*Con admiración ingenua.*) Debe de ser difícil. 5

El Joven: (*Golpeando.*) Es absurdo.

El Artista: Pero es bello. Tú no eres artista. No puedes saber...

El Viejito: ¿Quieres callarte con ese maldito ruido? Vas a volvernos locos—qué tonto es—.

El Joven: Sí. (*Con ira.*) Ya sé lo que piensan de mí... : Un 10 burro de carga...[11] (*Golpea aún más fuerte.*)

La Mujer: ¿Por qué te enojas?... ¿Sabes?... Tienes un pelo que me gusta. Tú eres el único a quien el viejo (*señala para fuera*) ha puesto un pelo tan brillante.

El Joven: (*Arrobado, suspende el trabajo.*) ¿Te parece? 15

La Mujer: Me gusta el pelo brillante.

El Artista: Cualquier pelo puede ser brillante si lo pintas de negro...

El Viejito: Eso se dice a tus años.

El Artista: Yo con el arte puedo hacer que parezca lo que no 20 es.

El Viejito: Tú eres un fanfarrón.

El Artista: ¿Cómo te atreves? (*Se lanza contra el VIEJITO pero la MUJER se interpone y los separa.*)

El Viejito: Ay... Ay... 25

La Mujer: ¿Qué pasa?

El Viejito: Me has lastimado[12] con uno de los picos de tu vestido. (*Al JOVEN.*) ¿Quieres callarte tú, imbécil?

---

[11]**un burro de carga** beast of burden (*meaning the person who does the work of a donkey*) [12]**lastimar** to hurt

La Mujer: Déjalo... (*Al CABEZÓN que está sentado con la cabeza entre las manos.*) Y tú, ¿qué haces?

El Cabezón: Pienso; para algo me ha hecho el viejo esta cabeza tan grande.

5 **La Mujer:** (*Coqueta.*) Me gustan las cabezas grandes.

El Cabezón: (*Al principio la ve arrobado, luego se endurece.*)[13] No; debo pensar todo el día.

La Mujer: (*Desilusionada.*) ¿Para qué?

El Cabezón: Para saber.

10 **La Mujer:** Saber ¿qué?

El Cabezón: Lo que se puede deducir... Por ejemplo; cómo llegar a esa ventana, cómo alcanzar la luz.

La Mujer: Me gusta esta penumbra.

El Cabezón: (*Burlón.*) A ti, todo te gusta.

15 **La Mujer:** No... no soy tan tonta... A veces también me aburro.

El Cabezón: ¿Por qué no tratas de pensar?

La Mujer: No puedo... Mira qué cabeza tan pequeña me ha puesto el viejo... (*Al ARTISTA.*) Tal vez tú puedas ayudarme.

20 **El Artista:** ¿A qué?

La Mujer: A suprimir estos picos de mi vestido. Me separan de todo... Te daré un beso. (*Se acerca al ARTISTA.*)

El Artista: (*Gritando.*) Ay... Ay... Me has pinchado.

La Mujer: (*Riéndose.*) Es divertido. Así no me aburro... ¿Y tú,
25 viejito?

El VIEJO cuenta con movimiento mecánico unos papeles que tiene en la mano.

---

[13]**luego se endurece** and then he hardens

El Cabezón: (*Poniéndose de pie increpa*[14] *al VIEJO.*) No me deja pensar por estar contando esos papeles. Todo el día haces lo mismo... Es estúpido.

La Mujer: (*Con simpatía.*) ¿Tienes muchos?

El Cabezón: Claro... Como lleva mucho tiempo encerrado 5 aquí, ha ido juntando esos papeles de colores que son restos de los materiales con que el viejo nos hizo.

El Viejito: ¿Y qué?... No molesto a nadie...

El Cabezón: No puedes pasarte todo el tiempo contando.

El Joven: Déjalo... Métete en tus asuntos.[15] (*Golpea fuerte.*) 10

El Cabezón: (*Cubriéndose los oídos.*) ¿Quién puede pensar en nada cuando se está rodeado de idiotas... ?

El Joven: Ya estoy harto de eso... Te voy a romper esa cabezota... (*Se abalanza*[16] *contra él pero tropieza y cae de bruces. Todos ríen...*) 15

El Cabezón: ¡Idiotas!

La Mujer: No se peleen... ¿Es mucho pedir que podamos vivir en paz? (*Al VIEJO.*) ¿Y ese papel rojo?

El Viejito: (*Enseñándole.*) Es resto del material con que el viejo hizo un diablo. Sólo tengo tres. Son muy valiosos. 20

El Artista: A mí me gustan sólo los rosas y los violetas.

El Viejito: No valen nada... Hay muchos...

De pronto, otra figura que estaba en la penumbra se pone de pie con movimientos angustiosos y contorsionados. Es JUDAS. Siempre estará de espaldas al público. Los fantoches lo ven asombrados. 25

La Mujer: Se ha levantado.

El Joven: (*Golpeando.*) Siempre se levanta tarde... Es un holgazán...

---

[14]**increpar** to scold [15]**métete... asuntos** mind your own business [16]**abalanzar** to rush at

La Mujer: Hoy me parece más alto que otros días.

El Viejito: (*Contando.*) Es igual que siempre. Te gusta enga-
ñarte a ti misma.[17]

La Mujer: Bueno... Es como si no supiera algo de lo que pasa
5 aquí... Me hago la ilusión de que hay algo nuevo que descubrir.

El Viejito: Nunca hay nada nuevo en ninguna parte. (*Comienza a contar, ahora en voz alta.*) Uno, dos, tres...

El Cabezón: (*Dando un violento manotazo.*) Ah, no... En voz
alta no...

10 *El VIEJO sigue contando en voz alta.*

La Mujer: Hoy sé algo nuevo de él. (*Señala a JUDAS.*) Sé que
tiene un nombre.

El Viejito: (*Distraído.*) ¿Un nombre?

La Mujer: Sí. Ayer oí a la niña decirlo. Se llama Judas.

15 **El Viejito:** ¿Judas?

El Joven: (*Tirando violentamente del brazo de la MUJER.*) ¿Te
gusta? di ¿te gusta?

La Mujer: (*Contenta.*) ¿Estás celoso?... Me gustan las dos serpientes de oro que el viejo le puso en los brazos. Quisiera verle
20 la cara. (*Al Joven, provocativa.*) ¿Crees que es guapo?

El Joven: (*Brutal.*) No tengo tiempo para pensar en eso.
Tengo que trabajar. (*Vuelve a su lugar y sigue el golpeteo silencioso.*)

El Viejito: Dicen que hizo algo malo.

La Mujer: No lo creo... Tiene un cuerpo hermoso... Además,
25 si fuera malo, el viejo no lo habría puesto aquí, encerrado con
nosotros.

El Cabezón: A lo mejor, el viejo es malo también.

La Mujer: ¿Cómo puede ser malo si nos ha hecho a imagen
y semejanza suya?

---

[17]**te... misma** you like to fool yourself

El Cabezón: Tenemos cabeza y piernas y brazos como él, pero no somos iguales.

El Viejito: Es que él es ciego... nos hace al tacto.[18] No sabe cómo es él, ni cómo somos nosotros... (*A la MUJER.*) ¿O tú crees que alguno aquí es perfecto, tú con ese vestido lleno de picos... ? 5

La Mujer: Cállate. No todo es tan feo aquí... Estamos juntos, podemos hablar, caminar. Estamos viviendo el tiempo. ¿Qué más quieres?

El Cabezón: Lo que nunca he podido comprender es por qué nos tiene encerrados. 10

El Joven: Ya nos tocará nuestro turno de salir.

La Mujer: Sí, como los que se fueron ayer, y antier y todos los días.

El Joven: ¿A dónde habrán ido?

El Artista: A distintos lugares... A la libertad. 15

La Mujer: ¿La libertad? ¿Qué es eso?

El Artista: No lo sé bien... Algo que está fuera de aquí; algo azul y brillante, una meseta elevada, o la cresta más alta en el oleaje del mar.[19]

La Mujer: Me gustaría ir ahí... A la libertad... 20

El Joven: ¿Para qué?

La Mujer: Pues... para alcanzar algo que no tengo. (*Se palpa el pecho.*) De pronto he sentido como si esto me pesara más.

El Viejito: No te preocupes. El viejo nos ha puesto a todos la misma cantidad de polvo negro y un cartucho del mismo 25 tamaño.

El Cabezón: Creo que ese cartucho es lo que nos atormenta.

La Mujer: Quizás. Me has puesto triste.

---

[18]**nos hace al tacto** he makes us by touch (*without looking at us*) [19]**la... mar** the highest crest of the surf

El Cabezón: Bah... Todos los días te levantas muy alegre, te entristeces otro rato y luego cantas. Todos los días igual.

La Mujer: Es cierto. Resulta monótono. ¿No?

El Joven: Lo monótono es la felicidad.

5 **El Viejito:** Sólo así se llega a viejo.

El Artista: Lo que ustedes no saben es que el polvo que llena el cartucho tiene un nombre.

Todos: ¿Un nombre?

El Artista: Sí. Lo vi ayer... En la caja que traía el viejo decía:
10 Pólvora, explosivo.

El Cabezón: (*Se pone de pie violentamente.*) Explosivo. Eso es... Es lo que se siente... algo que va a estallar...

El Viejito: (*Poniéndose también de pie.*) Yo no siento eso... A mí me duelen las coyunturas. Sobre todo las de las manos.

15 **El Cabezón:** (*Irónico.*) Es de tanto contar. ¡Explosivo!... Sí... algo que va a estallar aquí y aquí y aquí. (*Se palpa²⁰ los lugares en que tiene los cartuchos.*)

La Mujer: Basta.

El Joven: (*Al CABEZÓN.*) Idiota. ¿No ves que la asustas?

20 **El Cabezón:** (*Sentándose.*) Yo también me asusté...

Silencio. De pronto JUDAS comienza una pantomima de angustia, siempre de espaldas.

La Mujer: ¿Qué hace?

El Viejito: Se tortura.

25 **La Mujer:** ¿Por qué?

El Viejito: Por remordimientos...

---

²⁰**palparse** to touch

I

READING COMPREHENSION

Answer the following questions in Spanish based on the reading.

1. ¿Dónde tiene lugar la acción?
2. ¿Quiénes son los personajes? Describa cómo están vestidos.
3. ¿Qué representa cada uno de ellos?
4. ¿Qué llevan todos los fantoches en el pecho? ¿Qué representa esto?
5. ¿Qué representa el tambor que el Joven toca todo el tiempo?
6. ¿Por qué se siente la Mujer separada de los demás?
7. ¿Cuál es la función del Cabezón en el drama?
8. ¿Quién aparece siempre de espaldas? ¿Por qué? Describa a este personaje.
9. ¿En qué se ocupa el Artista?
10. Y el Viejito, ¿qué hace todo el tiempo? ¿Por qué? ¿Qué simbolizan sus papeles?
11. ¿Cómo hace el Viejo Barbudo a los fantoches? ¿Por qué?
12. ¿Cuál es la reacción de los fantoches hacia el cartucho que llevan en el pecho?
13. ¿Qué es la libertad para ellos?

STRUCTURES

A. The Present Subjunctive Tense

Rewrite the following sentences, using the present subjunctive tense of the verbs in parentheses.

1. Nosotros esperamos que el sueño (ser) _____ realidad.
2. Queremos que el joven que toca el tambor se (callar) _____.
3. Tal vez él (parecer) _____ ser lo que no es.
4. Es tiempo de que Uds. me (oír) _____.
5. El pueblo no quiere que el alcalde (castigar) _____ al traidor.
6. El padre no quiere que su hija se (poner) _____ mucho colorete en las mejillas.

7. Tal vez tú (poder) _____ ayudarme con mis problemas.
8. Ellos esperan que nosotros (poder) _____ vivir en paz.
9. Tal vez me (tocar) _____ ahora mi turno.
10. Quiero crear algo que (salir) _____ de mi cuerpo... otro fantoche como yo.
11. Temo que este envoltorio que llevo en el pecho (estallar) _____ si grito muy alto.
12. Dudo mucho que esa viga (cerrar) _____ la puerta.
13. Le he pedido al viejo que me (llevar) _____ con él.

B. The Future Tense

The future tense is used in Spanish to refer to an action that *will, shall,* or *is going to* take place. The future is not used to express willingness, as it is in English. In Spanish this is expressed with the verb **querer.**

¿**Quieres** abrir la ventana?	*Would you like to open the window?*

To form the future tense, the endings **-é, -ás, -á, -emos, -éis, -án** are attached to the infinitive of regular verbs.

llegaré *I will arrive*
comeré *I will eat*
dormiré *I will sleep*

The following verbs have irregular stems in the future tense, but the endings remain the same.

cabr-	⟶	caber	querr-	⟶	querer
dir-	⟶	decir	sabr-	⟶	saber
habr-	⟶	haber	saldr-	⟶	salir
har-	⟶	hacer	tendr-	⟶	tener
podr-	⟶	poder	valdr-	⟶	valer
pondr-	⟶	poner	vendr-	⟶	venir

Complete the following sentences, using the appropriate forms of the future tense of the verbs in parentheses.

1. Todos los fantoches (tener) _____ la cara pintada.
2. Los personajes (representar) _____ tipos conocidos de la política o del cine.
3. La luz (ir) _____ iluminando el escenario poco a poco.

4. El movimiento de pantomima se (alternar) _____ con otros movimientos reales.
5. El viejito se (mover) _____ siempre despaciosamente.
6. El Cabezón no (salir) _____ por la ventana.
7. No creo que los que se fueron (volver) _____.
8. El Viejo Barbudo le (poner) _____ un cartucho explosivo a cada uno de los fantoches que haga.
9. Judas siempre (estar) _____ de espaldas.
10. Yo les (contar) _____ lo que pasa afuera.
11. La Niña (empujar) _____ la puerta con violencia.
12. Ella hoy no (elegir) _____ al azar.
13. Ellos no (ayudar) _____ al Artista.
14. El Cabezón se (revolver) _____ en su silla.

In Spanish, the future tense is also used to express probability in the present.

    ¿Dónde **estará** Judas?   *I wonder where Judas is?*

Rewrite the following sentences, using the future to express probability.

1. ¿Qué hora es?
2. ¿Cuándo me toca mi turno?
3. ¿A quién se lleva la Niña esta vez?
4. El Viejito tiene unos setenta años.
5. ¿Es el Viejo Barbudo una representación del Creador?

C. *Formal* Ud. *and* Uds. *Commands*

Formal **Ud.** and **Uds.** commands have the same forms as the corresponding **Ud.** or **Uds.** forms of the present subjunctive.

        hablar ⟶ hable Ud.
        venir ⟶ venga Ud.
        salir ⟶ salgan Uds.

Object and reflexive pronouns are placed immediately *after* the *affirmative* command form and are attached to it. In *negative* commands, however, they are placed *before* the verb form.

    Ayúde**me** a mirar por la ventana.
    No **me** ayude.

A. Rewrite the following sentences, providing the **Ud.** command form of the verbs in parentheses.

1. (Quemar) _____ al Judas el Sábado de Gloria.
2. (Dejar) _____ el petardo en la mesa.
3. Viejo, (ayudar) _____ a la mujer a quitarse los picos del vestido.
4. (Traer) _____ la cuerda para colgar al muñeco.
5. (Cambiar) _____ las rayas color rosa por otras color violeta.

B. Rewrite the preceding sentences, replacing all object nouns with the corresponding pronouns. Then make each sentence negative.

EXAMPLE: Saque **los cartuchos** de aquí.
   *Sáque**los** de aquí.*
   *No **los** saque de aquí.*

WRITING PRACTICE

Write a short but coherent essay of at least 100 words in Spanish on one of the topics listed below. Your composition will be evaluated for grammatical correctness and vocabulary usage.

1. Describa a la Mujer y sus preocupaciones.
2. ¿Cómo es el Cabezón y cuál es su función?
3. ¿Por qué es importante el trabajo para el Joven?
4. Describa las actividades diarias del Viejito.

COMMUNICATIVE ACTIVITY

Prepare one of the two sets of questions listed below to discuss in class with two classmates. At the end of your discussion, summarize your observations for the other members of the class.

1. **La libertad:** ¿Qué representa la libertad para Ud.? ¿Qué sentiría Ud. si no tuviera libertad para actuar? ¿Qué concepto tienen los fantoches de la libertad? ¿Está Ud. de acuerdo con ellos? ¿Por qué?
2. **Teatro de marionetas:** ¿Ha visto alguna vez por televisión una representación de marionetas? ¿Qué es lo que más le llama la atención de las marionetas? Usualmente, ¿qué representan? ¿Cuál le ha causado más impacto? Haga una descripción breve de su programa favorito.

II

BASIC VOCABULARY

Nouns

el **azar**   chance
la **ceniza**   ash
el **cohete**   firework, sky rocket (*de fuegos artificiales*)
la **cuerda**   rope
el **eje**   shaft, frame

el **empujón**   push, shove
el **estallido**   explosion
el **hombro**   shoulder
la **ley**   law
la **semejanza**   resemblance, likeness

Verbs

arder   to burn
atar   to tie
acercar   to bring near
apretar (ie)   to squeeze, to tighten
arrebatar   to snatch, to grab violently
arreglarse   to tidy up, to straighten up
ceder   to give way, to give in
colgar (ue)   to hang
empujar   to push

encerrar (ie)   to shut in, to lock up
entregar   to deliver, to hand over
juntarse   to unite, to join, to put together
martillear   to hammer
odiar   to hate
quemar   to burn
revolverse (ue)   to gyrate
suceder   to happen, to occur

Adjectives

atónito(-a)   astonished, amazed
desenfrenado(-a)   unbridled, uncontrolled

encendido(-a)   lit, turned on
jadeante   panting
medroso(-a)   fearful

(continued)

131

Useful Expressions

al azar at random
dar saltos to jump
dar saltitos to skip
de pronto suddenly
de rodillas on one's knees
  estar de rodillas to kneel

hacer a un lado to push (*something*) to one side
ir de prisa to hurry up, to be in a hurry
pararse en puntas to stand on tip-toe
recobrar la calma to regain one's composure

VOCABULARY USAGE

A. Match the nouns in *Column A* with the infinitives in *Column B*. Be careful! More than one answer may be possible.

A	B
1. _____ cuerda	a. encender
2. _____ tambor	b. arder
3. _____ cohete	c. pinchar
4. _____ estallido	d. quemar
5. _____ pico	e. explotar
6. _____ pólvora	f. golpear
7. _____ ceniza	g. estallar
8. _____ petardo	h. atar

B. Select the word that does not belong to each group.

1. cohete, estallido, petardo, calabaza, arder
2. hombro, pico, músculo, rodilla, espalda, corazón
3. apretar, arder, estallar, explotar, quemar
4. juntarse, atar, apretar, confundirse, odiar
5. dar un manotazo, dar la espalda, golpear, pinchar, empujar

C. Write complete sentences of your own, using the following expressions.

1. ir de prisa
2. recobrar la calma
3. de pronto
4. de rodillas
5. dar saltos

COGNATES AND WORD FORMATION

You have already learned to examine unfamiliar Spanish words to see if they have cognates in English. The chart that follows will help you review some of the major equivalencies studied in Parts 1–2.

	Spanish		English
-ante	ignorante	*-ant*	ignorant
	durante	*-ing*	during
-ar	estimular	*-ate*	stimulate
-cia, -cio	importancia	*-ce*	importance
	tendencia	*-cy*	tendency
-ción	acción	*-tion*	action
-dad	dignidad	*-ty*	dignity
-ente	persistente	*-ent*	persistent
-ento	violento	*-ent*	violent
-ficar	simplificar	*-fy*	simplify
-mente	rápidamente	*-ly*	rapidly

In figuring out the meaning of a new word, it will be helpful to remember that Spanish words beginning with **est-**, **esc-**, or **esp-** usually have an equivalent English word beginning with *st-*, *sc-*, or *sp-*.

estudiante	*student*
escénico	*scenic*
espacio	*space*

Carefully read the following excerpts from *Los fantoches* and underline all the Spanish cognates you recognize.

1. «Mientras Judas hace su pantomima, el Viejo cuenta en voz alta, el Joven martillea fuertemente, el Artista se pasea viendo al cielo con actitud de ensueño, el Cabezón con la cabeza entre las manos se revuelve frenético en su asiento, la Mujer, en mitad de la escena, ve al vacío como en éxtasis. De pronto cesa el movimiento de espasmo y todo vuelve a la normalidad».

2. «Los fantoches quedan estáticos en actitud de ofrecerse».

3. «Creo que en el fondo eres tan ignorante como nosotros. Sin embargo podrías tener un gesto de piedad. ¿Por qué permitiste que esa niña se llevara al artista?... Pon una nueva medida a tu ministerio, un poco de lógica, o ¿no puedes?»

TAKE A GUESS

Which words do you associate with the following descriptions?

1. Envoltorio pequeño, negro y cilíndrico de pólvora.

la nada

2. Aparato explosivo de gran fuerza detonante.

cartucho

3. El no ser. Lo que no existe.

ciego

4. Casualidad.

bomba

5. Parte del cuerpo humano que va del cuello al estómago.

estallido

6. Ruido que hace una explosión.

pecho

7. Persona que no puede ver.

azar

8. Con gran temor.

medroso

USING VOCABULARY IN CONTEXT

Fill in the blanks with the appropriate words from the lists below. Make sure the paragraphs make sense.

1. aniquilarnos   libertad   bomba
   pones

Ahora sé que no tenemos _____. Sé también que desde que nos haces, en vez de corazón, _____ dentro de nosotros una _____ misma que va a _____.

2. acerco   cartucho   temerosos
    encendido   estallido

La Niña _____ un fósforo _____ al pecho de Judas. De pronto, el _____ se convirtió en una luz brillante. El _____ de la pólvora dejó a todos los fantoches _____ y tristes.

Los fantoches
CARLOS SOLÓRZANO

II

Mientras JUDAS hace su pantomima, el VIEJO cuenta en voz alta, el JOVEN martillea fuertemente, el ARTISTA se pasea viendo al cielo con actitud de ensueño, el CABEZÓN con la cabeza entre las manos se revuelve frenético en su asiento, la MUJER, en mitad de la escena, ve al vacío como en éxtasis. De pronto cesa el movimiento de espasmo y 5 *todo vuelve a la normalidad.*

La Mujer: (*Al VIEJITO.*) ¿Tú crees que volverán?

El Viejito: ¿Quiénes?

La Mujer: Los que se fueron.

El Artista: Si están libres, ¿a qué han de volver? 10

El Viejito: Llevo aquí mucho tiempo oyéndoles decir, cuando se marchaban, que habrían de volver algún día, pero no, aquí nadie vuelve, el que se va, no vuelve jamás.

Se oyen pasos afuera y luego la risa de la NIÑA.

La Mujer: Es el viejo barbudo... 15

El Viejito: Viene con la niña, con su hija...

La Mujer: Ah... Siempre que ella viene alguien se va... Tal vez me toque ahora mi turno para ir a la libertad.

El Joven: O a mí...

El Artista: O a mí... 20

El Viejito: Sería justo que me sacaran a mí. Llevo aquí encerrado tanto tiempo.

Los fantoches quedan estáticos en actitud de ofrecerse. Se descorre el cerrojo,[21] *la puerta se abre y entra el VIEJO BARBUDO, llevado de la mano por la NIÑA, vestida de blanco, que entra dando saltitos.*

La Niña: Me gustan estos fantoches... Si no fuera por ellos,
5 ¿qué haría yo? La luz no es buena aquí...

El Viejito: (*Mueve la cabeza con una sonrisa ausente.*) Jo. Jo. Jo.

La Niña: Pero no importa. Los escojo al azar. (*Se pasea delante de los fantoches. De pronto en medio de una risa loca se pone a girar y a girar y en el lugar donde suspende su giro señala...*) Éste.

10 **El Viejito:** (*Que ha esperado con los ojos cerrados.*) ¿Quién es?

La Niña: Resultó ser el Judas... Me gusta este Judas... vamos... es tu turno. (*Lo empuja. El JUDAS inicia una marcha torpe, como si protestara, en una breve pantomima trata de increpar a los otros que lo ven asombrados.*) Ya les tocará a ellos también... (*La NIÑA lo empuja
15 violentamente, el JUDAS sale girando como perdido en el aire, detrás de él la NIÑA, llevando de la mano al VIEJO BARBUDO que anda con torpeza.*)[22]

Se cierra la puerta tras ellos. Los fantoches vuelven a sus posturas normales.

20 **La Mujer:** (*Triste.*) Se lo llevaron a él... Le vi la cara. Era guapo...

El Artista: (*Airado.*) ¿Por qué le dan la libertad a Judas? Era un traidor.

El Joven: ¿Traidor?

25 **El Artista:** Sí, entregó a alguien, por algo que le dieron. No conozco bien la historia.

El Joven: Siempre estuvo aquí.

El Viejito: No. Era otro como él... Pero no era el mismo. Mañana, el viejo le pondrá el cartucho explosivo a otro igual.
30 Nunca ha faltado aquí un Judas. Siempre está de espaldas, sin hablar.

---

[21]**descorrer el cerrojo** to unbolt the lock   [22]**andar con torpeza** to walk awkwardly

La Mujer: Somos menos ahora.

El Joven: Es triste.

El Artista: Triste y monótono.

El Viejito: No es importante. Nada es importante.

El Cabezón: Mira... por la ventana...⁵

El Viejito: (*Indiferente.*) ¿Qué?

El Cabezón: Me parece que están colgando a Judas... Es la niña la que lo cuelga de una cuerda.

El Viejito: No veo nada. Ni me importa.

La Mujer: Ni yo veo. (*Se para en puntas.*)

El Artista: (*Al CABEZÓN.*) Préstame tus hombros... Me subiré sobre de ti y veré... Les contaré lo que pasa...

El Joven: Yo quiero ver...

El Cabezón: (*Lo hace a un lado violentamente.*) Soy yo el que debe ver. Vamos... Ayúdenme.

El JOVEN, el ARTISTA y el CABEZÓN se suben uno en los hombros del otro. El CABEZÓN ve por la ventana.

El Joven: ¿Ves algo?

El Cabezón: Sí, Judas cuelga... la niña le acerca una cosa encendida... ¿qué va a pasar? (*De pronto se oye un violento estallido de cohetes acompañado de la risa de la NIÑA y de un grito estridente del CABEZÓN.*) No...

Caen los fantoches al suelo arrastrando los papeles del VIEJITO.

El Viejito: Imbéciles... Mira lo que han hecho con mis papeles... (*Se inclina a recogerlos.*)

El Cabezón: (*Balbuciendo.*)²³ ¿Qué pueden... importar... tus papeles... ante lo que... ha pasado... ?

Todos: ¿Qué ha pasado?

---

²³**balbucir** to stutter, to stammer

El Cabezón: La niña... acercó la cosa encendida al pecho... al cartucho. (*Todos se llevan la mano al pecho.*) Y de pronto... se hizo una luz más fuerte que la luz del día... Un río de fuego recorrió el cuerpo de Judas dejándole al descubierto los ejes que 5 lo sostenían... Luego, una sacudida violenta...

Todos: ¿Y después?

El Cabezón: (*Hundiendo la cara entre las manos.*) Nada... Judas... Ya no era nada...

El Joven: ¿Cómo?... Si era Judas era algo...

10 **El Artista:** Era Judas y era a la vez otra cosa...

La Mujer: O dejó de ser Judas y se convirtió en algo diferente.

El Cabezón: No... No era nada. ¿Me oyen? Nada, polvo, cenizas... nada.

El Joven: Pero entonces... ¿Eso es lo que les pasa a los que 15 se van?

La Mujer: Y eso... nada... ¿Qué es?

El Cabezón: Yo lo vi. (*Con desesperación.*) Nada.

El Artista: Ahora recuerdo. En el cajón del polvo negro decía: pólvora... explosivo... Peligro de muerte.

20 **La Mujer:** (*Con estupor.*) Muerte ¿es eso?... ¿Ser nada?...

El Cabezón: No lo comprendo. Lo vi y no puedo comprenderlo, con esta cabeza tan grande sobre los hombros.

El Viejito: (*Indiferente.*) Bah. Tonterías. Voy a contar mis papeles. (*Se sienta a contar.*)

25 **El Joven:** No te servirán de nada. Están hechos con el mismo material que nosotros. El día menos pensado... pum... al aire, al viento.

El Viejito: No... esto es algo, se puede tocar, contar. (*Cuenta en voz alta.*) Mil doscientos tres, mil...

30 **El Joven:** (*En un arrebato de ira se lanza sobre él, le arrebata los papeles y comienza a romperlos.*) Mira lo que hago con tus papeles.

El Viejito: No... No... son míos. (*Le arrebata algunos y se sienta en un rincón, con aire medroso y triste.*)

El Artista: Peleándose. Idiotas... Todos somos idiotas. ¿Qué esperamos aquí? Les pregunto.

La Mujer: ¿Esperar? Nada. Estamos viviendo. 5

El Artista: Si ése ha de ser nuestro fin, vamos a juntarnos todos, acerquemos a nosotros una cosa encendida y volaremos por el aire en un solo estallido, como una bomba gigantesca y todos ésos como nosotros a quienes el viejo no ha puesto aún el terrible cartucho en el centro del cuerpo y mis rayas de colores 10 y tus papeles y tu vestido con picos... Tal vez ésa... es la única libertad que podemos desear.

La Mujer: No... yo quiero convertirme en otra cosa... Algo que salga de mí... quiero, quiero.

El Cabezón: Un momento. Hay que recobrar la calma. Pen- 15 semos. A Judas le sucedió... eso... porque era malo... era traidor...

El Joven: Es verdad.

El Cabezón: (*Con esfuerzo.*) Quiere decir que el viejo lo destruyó porque era malo.

El Joven: Entonces el viejo es bueno. 20

El Artista: ¿Y si no es así? ¿Y si viene por cualquiera de nosotros y nos hace arder en el mismo fuego que a Judas?

La Mujer: Cállate. (*Con tristeza.*) Entonces la vida aquí no tendría sentido...

El Artista: (*Intenso.*) Sería... La desesperación. 25

El Viejito: Bah... los oigo hablar y no digo nada. Pero ya es tiempo de que me oigan... No hay nada de temible en lo que le pasó a Judas... Yo sé, desde hace tiempo, que a los fantoches como nosotros, hechos a semejanza de un anciano, ciego, que está sumido[24] en la indiferencia, les llega un día en que todo se 30

---

[24]**sumir** to become immersed

disuelve en el viento. Pero pienso que ya es bastante hermoso sentir el peso de este envoltorio negro en el centro del cuerpo y saber que eso le da sentido a nuestra presencia en este lugar... Yo lo sé desde hace mucho... pero creo que en el fondo hay que 5 dar gracias a ese viejo que nos ha puesto aquí... pues hemos vivido, hemos estado haciéndonos compañía, yo he tenido mis papeles de colores y a veces me ha sucedido que siento unas ganas muy grandes de gritar y si no lo he hecho fuertemente, es por temor de que este envoltorio se desbaratara[25] y me 10 arrastrara[26] en un incendio voraz y aniquilador... (*Con tristeza.*) La niña no ha querido llevarme... siempre me pongo en lugar visible... pero ya llegará... espero el momento.

La Mujer: (*De pronto con frenesí, al JOVEN.*) Ayúdame tú a vivir en algo, que quede después de que yo arda para siempre. 15 Dame un beso.

El Joven: (*Señalando los picos.*) Me lastimaría.

La Mujer: No importa. Acércate... Odio estos picos que no me dejan sentirme confundida contigo, que no permiten nunca que dos sean uno solo, indivisible... Dos en uno. Sería bueno, 20 para oponerle mayor resistencia a la niña.

El Joven: Sería inútil. Dos cartuchos de pólvora negra arden más de prisa que uno solo. No hay defensa.

El Cabezón: Es necesario inventar una.

El Artista: No... Ahora sé que todas las esperas conducen a 25 la muerte. No hay defensa.

La Mujer: (*Con un paso provocativo.*) Ayúdame—tú.

El JOVEN la sigue. Ella huye y se acerca al mismo tiempo. Cuando el JOVEN está muy excitado, ella se deja caer. Él la levanta y sin reparar en los picos del vestido se confunde con ella en un abrazo y un beso 30 *espasmódicos... Luego, se separan, ella se arregla el vestido y los cabellos. Él queda en el suelo como herido.*

La Mujer: Está bien. El viejo se encargará de lo demás.

---

[25]**desbaratar** to wreck, to ruin   [26]**arrastrar** to drag, to pull

El Joven: (*Como soñando.*) ¿El viejo?

De pronto se oyen los pasos afuera precedidos por la risa de la NIÑA. Todos los fantoches se ponen de pie al mismo tiempo.

El Artista: Vienen otra vez. ¿A quién le tocará ahora?

El Joven: No los dejemos entrar. 5

El Cabezón: Todos contra la puerta. El peso de cinco cuerpos es mayor que el de dos. Física pura.

El Viejito: (*Con una risita.*) Es inútil... Ella empujará la puerta y ustedes se sentirán livianos. ¡Nuestro cuerpo! Es tan deleznable[27] que al menor soplo suyo caería hecho pedazos. Nues- 10 tro peso, el peso de cinco fantoches, de diez, de mil, no bastaría para impedir que esa niña cruel con un dedo abriera la puerta y entrara a elegir entre nosotros.

El Joven: Ya vienen.

El Artista: (*Con gran temor.*) A empujar. 15

El Cabezón: Con todas nuestras fuerzas. Así, con una viga.[28] (*Se apodera de una viga y todos juntos empujan.*) El brazo de palanca es largo, ayudará. Eso es científico e indudable...

A pesar de que empujan con todas sus fuerzas se ve que la puerta va cediendo; los fantoches van retrocediendo atónitos. Entran la NIÑA 20 *y el VIEJO.*

La Niña: (*Burlona.*) No me querían dejar entrar. (*Ríe.*)

El Artista: No te rías.

La Niña: ¿Por qué?

El Artista: Eres cruel. 25

La Niña: No sé. Soy como soy. Mi padre es responsable de como soy.

El Artista: Pero ¿por qué? ¿Por qué nos haces esto? ¿Con qué derecho?

---

[27]**deleznable** frail [28]**viga** beam

La Niña: (*Divertida.*) ¿Derecho? No conozco esa palabra...

El Cabezón: No comprendo cómo pudo entrar. Eso es contra todas las leyes de la ciencia.

La Niña: ¿Por qué me ven tan extrañados? Es necesario que
5 este lugar quede libre. Hay otros muñecos esperando a que mi padre les ponga las venas de pólvora.

La Mujer: (*De rodillas a la NIÑA.*) Yo quiero... uno nuevo.

La Niña: (*Se vuelve de espaldas con disgusto.*) Eso no es asunto mío.

10 **La Mujer:** (*De rodillas al VIEJO.*) Quiero uno nuevo.

El Viejo Barbudo: (*Sordo.*) ¿Eh?

La Mujer: Dame un pequeño fantoche con una pequeña bomba nueva. Él y yo (*señala al joven*) nos hemos amado.

El VIEJO va a un rincón, toma un muñeco pequeño, y lo da a la
15 *MUJER.*

La Mujer: Lo quiero. Lo quiero. Duérmete y sueña. (*Lo arrulla*[29] *cantando en voz baja.*)

La Niña: (*Alegre.*) Es divertido. Todo esto me divierte mucho. Y bien. Hoy no elegiré al azar. Hoy vendrá alguien que me guste.

20 **Todos:** ¿Quién?

La Niña: (*Los ve con sonrisa cruel, mientras los fantoches en actitud de miedo retroceden.*) Tú (*señala al ARTISTA*).

Todos: ¡El artista!

La Niña: ¿Artista? Nunca oí palabra más tonta. ¿Qué quiere
25 decir?

El Artista: Nada... algo que es aún más inútil que todo lo demás.

La Niña: Vamos, de prisa. (*Lo empuja imperativa.*)

El Artista: No, no iré.

---

[29]**arrullar** to lull to sleep

La Niña: (*Riéndose.*) Se niega a ir.

El Artista: Conmigo tú no puedes nada.

La Niña: ¿No?

El Artista: No... yo hago que sea lo que no es, que el tiempo no transcurra, que el rosa sea violeta, que el sueño sea verdad, 5
que la vida no termine.

La Niña: (*Con asombro.*) ¡Estás loco!

El Artista: Sí... pero no puedes hacerme nada. Yo te ignoro a ti, tengo el poder de olvidarte... de matarte en un pensamiento.

La Niña: (*Impaciente.*) Vamos. 10

El Artista: No iré.

La Niña: Voy a acercar a ti una llama y todos ellos volarán contigo por el aire...

La Mujer: No, mi pequeño.

El Joven: (*Se adelanta y se encara*[30] *con el ARTISTA.*) No... No 15
tienes derecho. Es tu muerte. Sólo tuya.

El Artista: (*Con desesperanza.*) Ya sabía yo que me dejarían solo... en el último momento...

La NIÑA le da un empujón violento y sale tras él... El VIEJO BARBUDO se ha sentado mientras tanto de espaldas a los fantoches... 20
Se oye otro violento estallido que los paraliza.

El Cabezón: (*Se acerca al VIEJO BARBUDO con aire de pedir una explicación.*) ¿Por qué haces esto? Explícame. Quiero comprender. No sé si lo que te propones es bueno o malo. Durante mucho tiempo pensé que esperábamos aquí algo luminoso, le 25
habíamos llamado libertad... Ahora sé que desde que nos haces, pones dentro de nosotros, como condición para vivir, la bomba misma que ha de aniquilarnos... ¿Por qué entonces no nos haces felices? ¿O por qué no haces que la destrucción sea la felicidad al mismo tiempo? Contesta. (*El VIEJO continúa de espaldas. El* 30
CABEZÓN se dirige a la MUJER.) Háblale tú. Tal vez una mujer...

---

[30]**encararse** to face, to confront

La Mujer: (*Se acerca al VIEJO BARBUDO con gran comedi-miento.*[31] *Lleva al pequeño muñeco en los brazos.*) Tú sabes que te he querido, que pensaba en ti y te agradecía que me hubieras hecho diferente a ellos. Sabía que esa diferencia serviría para algo. Hoy
5 sé que es sólo para prolongar nuestra estirpe[32] de fantoches pin-tados por tu mano, a tu capricho. Creí que nuestra tarea era la de ser felices y me gustaba todo y veía en nuestros colores la más variada colección de hermosuras. Nunca me preocupé por com-prender pero ahora, me has dado un pequeño muñeco nuevo y
10 lo quiero. ¿Por qué tengo que querer lo que no comprendo? ¿Por qué no hablas? ¿Eres mudo además de ser sordo y ciego? Habla. (*Llora.*)

El VIEJO calla.

El Viejito: Déjame hablarle. Yo soy viejo ya en este lugar. Por
15 misterioso que él parezca he vivido mucho tiempo junto a su misterio. (*Le habla con familiaridad.*) No te pido explicaciones. Para mí es claro. No hay mucho que comprender; pero yo como tú, soy viejo y sé que nunca se es el mismo.[33] Cuando era joven también me desesperé y pregunté, pero tú ¿nunca te has hecho
20 preguntas a ti mismo? ¿No has hallado la respuesta? Creo que en el fondo eres tan ignorante como nosotros. Sin embargo po-drías tener un gesto de piedad. ¿Por qué permitiste que esa niña se llevara al artista, que era joven, y no a mí que tanto le he pedido que me lleve? He visto morir a muchos jóvenes y siempre
25 me ha causado horror. Pon una nueva medida a tu ministerio, un poco de lógica, o ¿no puedes? ¿o lo que quieres es que nunca estemos satisfechos de nada? Tú mismo ¿estás satisfecho? Res-ponde una vez, una sola vez.

El Joven: No contesta. ¿No sabe hablar?

30 **El Viejito:** Acaso nuestro error está en esperar de él una respuesta.

El Joven: Mira, se ha quedado dormido. No ha oído nada.

El Viejito: Está cansado como yo. Viejo y cansado.

---

[31]**comedimiento** courtesy [32]**estirpe** lineage [33]**nunca... mismo** one is never the same

La Mujer: Pero entonces ¿qué hay que hacer para que nos oiga? Él duerme pero ha dejado a esa niña loca con libertad para elegir. Ella es la única que es libre. Todos nosotros atados de pies y manos con estas terribles cuerdas y ella libre y desenfrenada. (*Al VIEJO gritándole.*) ¿Es ésa la única libertad que has sido   5
capaz de crear?

Se oye fuera de nuevo la risa de la NIÑA.

El Viejito: Dios mío... Dios mío... ¿A quién se llevará ahora?

El Joven: Valor. Hay que tener valor. (*Le tiende la mano a la MUJER que se la toma con desesperación y permanecen así, asidos de*   10
la mano.)

El Cabezón: Si yo pudiera comprender la psicología de este viejo...

La NIÑA, que venía corriendo, se detiene jadeante en el umbral de la puerta. Desde ahí observa a los fantoches con una mueca altanera.[34]   15

La Mujer: (*Apretando al muñeco pequeño.*) Que no sea yo... todavía.

El Joven: (*Apretando con calor la mano de la MUJER.*) Ni tú, ni yo...

El Viejito: Un tiempo antes... un tiempo después...   20

El Cabezón: (*A la NIÑA.*) Dame tiempo para que yo pueda explicarme a mí mismo...

La Niña: (*Interrumpe alegre.*) Volveré a seguir mi costumbre. Elegiré, como siempre, al azar. (*Se lanza de nuevo a girar vertiginosamente en mitad de la escena: Los fantoches hacen una pantomima*   25
en torno a ella como queriendo escabullirse[35] *del dedo de la NIÑA que señala al vacío.*)

Música disonante.

Los Fantoches: No... yo no... yo no.

---

[34]**mueca altanera** arrogant grimace   [35]**escabullirse** to escape, to slip away

(El VIEJO duerme tranquilamente. Súbitamente con un acorde disonante, fuerte, la NIÑA detiene, su giro, en mitad de la escena, señalando con el índice al lunetario,[36] con un gesto firme y amenazador, al mismo tiempo que se corre muy rápido el telón.)

POSTREADING ACTIVITIES

II

READING COMPREHENSION

Answer the following questions in Spanish based on the reading.

1. ¿Cree el Viejito que los que se fueron volverán? ¿Por qué?
2. ¿Qué representa la Niña? ¿Cómo escoge a sus víctimas?
3. ¿Por qué dice el Viejito que «nunca ha faltado aquí un Judas»? ¿Qué quiere decir con esta expresión?
4. ¿Qué descubre el Cabezón cuando se asoma por la ventana? ¿Cómo reaccionan los fantoches?
5. Al saber el Artista que su fin va a ser la nada, ¿qué sugiere que todos ellos hagan?
6. ¿Qué piensa el Viejito del cartucho que lleva en el pecho? ¿Qué piensa él de la vida?
7. ¿Qué decide hacer la Mujer cuando sabe que también va a terminar como Judas? ¿Cambia su actitud?
8. ¿Se resignan los fantoches a morir? ¿Qué hacen?
9. ¿Por qué dice la Niña que debe llevarse un fantoche cada vez que entra al cuarto?
10. ¿Qué piensa Ud. de la actitud de los fantoches cuando la Niña decide llevarse al Artista?
11. ¿Cómo termina el drama? ¿A quién escoge la Niña? ¿Qué simbolismo encierra su último gesto?

---

[36]**lunetario** stall (*the spectator seats close to the stage*)

STRUCTURES

A. Tú *Commands*

To form affirmative **tú** commands, use the third-person singular of the present indicative.

hablar ⟶ él *habla* ⟶ **habla** (*tú*)
leer ⟶ él *lee* ⟶ **lee** (*tú*)

To form negative **tú** commands, use exactly the same form as the second-person singular of the present subjunctive.

no *hables*
no *leas*

IRREGULAR AFFIRMATIVE *TÚ* COMMANDS

decir	⟶	di	salir	⟶	sal
hacer	⟶	haz	ser	⟶	sé
ir	⟶	ve	tener	⟶	ten
poner	⟶	pon	venir	⟶	ven

What advice would you give La Niña in *Los fantoches*? Use your imagination and combine the infinitives in *Column A* with the words and expressions in *Column B* to form affirmative **tú** commands. Make all necessary changes.

EXAMPLE: ***Deja*** *tranquilo a Judas.*

A

1. _____ dejar
2. _____ tocar
3. _____ pelear
4. _____ ser
5. _____ pensar
6. _____ esperar
7. _____ acercarse
8. _____ quitarse
9. _____ ponerse
10. _____ preguntar

B

a. en los pobres fantoches
b. a quién le toca ahora
c. la gorra del Artista
d. con el Viejito
e. tu turno
f. buena
g. las medias y zapaticos blancos
h. a mí con cuidado
i. tranquilo a Judas
j. los picos de bambú de la Mujer

Make negative **tú** commands from the following sentences.

1. Ella se pone el vestido de colores caprichosos.
2. Él empuja a Judas a un lado.
3. La Niña me alcanza la cuerda.
4. La Mujer se arregla el vestido y se acerca coqueta al Joven.
5. El Artista odia al Viejo Barbudo.
6. El Joven golpea el tambor.
7. El Cabezón se despierta temprano.
8. La Niña se ríe de los fantoches.
9. Tú finges tener celos.
10. ¡Tráemelo!

B. The Conditional Tense

The conditional is used in Spanish to express: 1) an action in the future as viewed from a time in the past;   2) courtesy;   3) probability. It usually conveys the meaning of *would* in English.

The endings **-ía, -ías, -ía, -íamos, -íais, -ían** are attached to the infinitive of regular verbs to form the conditional. Verbs that have irregular stems in the future (see page 128) also have irregular stems in the conditional.

$$\text{caber} \longrightarrow \text{cabría}$$
$$\text{saber} \longrightarrow \text{sabría}$$

Complete the following sentences, using the appropriate forms of the conditional tense of the verbs in parentheses.

1. Pensó que la viga no (bastar) _____ para impedir la entrada de la Niña.
2. Dijiste que me (escoger) _____ a mí.
3. Judas sabía que ellos lo (dejar) _____ solo.
4. Te he dicho que me (encantar) _____ estar junto a ti.
5. ¿Le (gustar) _____ a Ud. que fuera su turno?
6. ¡Qué (hacer) _____ yo sin ti!
7. ¿Qué (representar) _____ el Viejo en el drama que leímos?
8. ¡Tú (deber) _____ trabajar más!
9. (Ser) _____ bueno oponerle más resistencia a la Niña.
10. Sabía que Uds. no me (abandonar) _____.

C. *The Imperfect Subjunctive Tense*

> To form the imperfect subjunctive, drop the **-ron** ending of the third-person plural of the present indicative, and add the following endings: **-ra, -ras, -ra, ´-ramos, -ran** or **-se, -ses, -se, ´-semos, -sen.** These are two different sets of endings for the imperfect subjunctive; the **-ra** endings are more common in Spanish America. Note the written accent mark on all the **nosotros** forms, e.g., **habláramos.**
>
> habla**ron** ⟶ habla + **ra** ⟶ **hablara**
> comie**ron** ⟶ comie + **ra** ⟶ **comiera**
> vivie**ron** ⟶ vivie + **ra** ⟶ **viviera**
>
> The imperfect subjunctive is always used after **como si.**
>
> Los fantoches hablaban **como si tuvieran** miedo.

Rewrite the following sentences, using the imperfect subjunctive tense of the verbs in parentheses.

1. Los fantoches no querían que la Niña (abrir) _____ la puerta.
2. Querían que ella los (elegir) _____.
3. El Viejo se movía como si le (doler) _____ todas las coyunturas.
4. ¿Qué haría yo si no (ser) _____ por ellos?
5. Era importante que Uds. (protestar) _____.
6. Actúas como si el cartucho no te (pesar) _____ mucho.
7. El Judas está de espaldas como si (ser) _____ el único malo en el grupo.

WRITING PRACTICE

Write a short but coherent essay of at least 100 words in Spanish on one of the topics suggested below. Your composition will be evaluated for grammatical correctness and vocabulary usage.

1. ¿Cuál es el mensaje que Solórzano quiere transmitir a los espectadores de *Los fantoches*?
2. ¿Por qué cambian de actitud los fantoches al descubrir cuál es su destino final? ¿Con cuál de ellos se identificaría Ud.?

COMMUNICATIVE ACTIVITY

Interview one of your classmates using the following questions as a guide. Feel free to add your own questions. Report your findings to the class.

1. ¿Te gustó el mimodrama *Los fantoches*? ¿Por qué?
2. ¿Cuál crees que es la intención del autor al utilizar marionetas en vez de personas reales?
3. ¿Con cuál de los fantoches te identificas más? ¿Por qué?
4. ¿Qué piensas de la reacción del Artista al descubrir que todos van a terminar como Judas?
5. ¿Por qué quiere confundirse la Mujer con el Joven? ¿Cuál es su función en el drama?
6. ¿Has pensado sobre el final del drama? ¿Qué significado tiene la última selección de la Niña?
7. ¿Cómo habrías terminado tú el drama?

—◦•❖•◦—

REVIEW EXERCISE

After reviewing the vocabulary and grammar covered in Part Three, give the English equivalents of the following Spanish sentences. Pay particular attention to the italicized portions of each sentence.

1. *Déjame hablarle,* por favor.
2. *Eligiré* uno siempre al azar.
3. *Deberías trabajar* tú también.
4. Yo con el arte *puedo hacer que parezca lo que no es.*
5. No quería confesártelo porque *pensé que sufrirías.*
6. ¿Lo dices para que yo *tenga celos?*
7. Está de rodillas porque *no quiere que se lo lleven.*
8. Cuando lo empujó *cayó de bruces.*
9. Cuando le *tocó su turno,* él también le dio un manotazo.
10. Aun de espaldas *sentía el latido de su corazón.*
11. Por favor, *trata de recuperar la calma.*
12. El Viejito es un anciano *jorobado, de cara picaresca y andar defectuoso.*
13. Está seguro de que las figuras se *pondrían de pie* con movimientos angustiosos y contorsionados.
14. Es hora de que me *oigan.*
15. *Ayúdame a desconectarle* el cartucho que lleva en el pecho.

PART FOUR

—•◦✦❧◆❧✦◦•—

Successful reading of the stories in Part Four will indicate that you have mastered the grammatical structures introduced in the first three units. You will be reading four stories arranged in order of difficulty, which for the most part have been kept in their original form. To reduce the need to look up unfamiliar words, many new vocabulary items and difficult passages have been glossed and translated in the footnotes.

Alvaro Menen Desleal was born in El Salvador in 1931. Most of his well-known works are science fiction stories which deal with the world of the absurd and the unpredictable environment created by technological progress. In *Primer encuentro* the encounter between two alien worlds is described.

Jorge Luis Borges (Argentina: 1899–1986) is considered one of the most celebrated and respected authors of the Spanish-speaking world. The story chosen for this unit is an example of Borges' fascination with the fantastic. The first Spanish version of *El brujo postergado* was written in the fourteenth century by don Juan Manuel, who translated it from the Arabic. Borges' recreation of the story, taken from *Libro de Patronio*, describes the perils of our sometimes uncontrollable ambitions.

W. I. Eisen (Argentina: 1919) is the pseudonym of Isaac Aisemberg. His story, *Jaque mate en dos jugadas,* is an ironic piece about a murderer who falls victim to his own despair. The reader feels the suspense and anguish of the criminal as he hopes to escape punishment.

Carmen Laforet (1921) wrote the last and most difficult selection chosen for this unit. The Spanish-born writer is well known in her native country and abroad for her eloquent presentation of women's points of view. *Rosamunda* is about a middle-aged woman who has abandoned her unglamorous life to escape into her own fictional world. The story is a good example of how fantasy may lead to the unveiling of despair in an unfulfilled human being.

STUDY GUIDE

The following suggestions will help you in your reading of the selections.

1. Study the vocabulary and do the Prereading Activities before reading each story. Also glance over the entire story to determine the most essential information.

2. Review the use of the imperfect and pluperfect tenses of the subjunctive before reading *Primer encuentro, El brujo postergado,* and *Jaque mate en dos jugadas.* Before reading *Rosamunda,* review *if*-clauses and the use of the impersonal **se** construction.

3. Remember to review the points of grammar covered in each section before doing the Writing Practice. The objective of this exercise is to practice the vocabulary and grammatical structures you have learned.

4. Prepare for the Communicative Activity at the end of each section by writing down your thoughts on the topic you have chosen for discussion, and practicing them aloud several times to improve your oral skills.

Primer encuentro

ÁLVARO MENEN DESLEAL

BASIC VOCABULARY

Nouns

el **arma**   weapon
el **encuentro**   encounter, meeting
la **escala**   access stairway
la **escotilla**   hatchway, door
el **esfuerzo**   effort
la **nave**   spaceship

el **paso**   step, transition
el **reflejo**   gleam, reflection
el **retrocohete**   retrorocket
la **suavidad**   softness, smoothness
el **temor**   fear
la **vista**   gaze, sight, view

Verbs

apagar   to turn off
aterrizar   to land
avisar   to warn
destellar   to sparkle
disponerse a   to prepare to

encender (ie)   to turn on
herir (ie)   to hurt
parpadear   to blink
posarse   to land, to rest on
reprimir   to suppress

Adjectives

cortés   courteous, polite
dotado(-a)   endowed with
entrenado(-a)   trained
espantoso(-a)   terrifying

horroroso(-a)   horrible, frightful
preocupado(-a)   worried

Useful Expressions

al pie de   at the foot of,
con todo   nevertheless
consigo   with him

dar la bienvenida a   to welcome
sin titubear   without hesitating

Vocabulary Usage

A. Select the word that does not belong to each group.

1. escotilla, nave, retrocohete, escala, tambor
2. horroroso, espantoso, doloroso, hermoso, desastroso
3. brillo, destello, reflejo, preocupación
4. rodilla, cabeza, boca, pierna, arma
5. gases, explosión, comité, apagar, encender, cohete

B. Match the words in *Column A* with the definitions in *Column B*.

A	B
1. _c_ retrocohete	a. puerta de acceso a una nave espacial
2. _e_ encuentro	b. vehículo que vuela a gran velocidad en el espacio
3. _b_ nave	c. parte que sirve para parar una nave espacial
4. _a_ escotilla	d. pararse, descansar
5. _f_ destellar	e. acto de reunirse dos o más personas
6. _d_ posarse	f. brillar

C. Write complete sentences of your own, using the following expressions.

1. al pie de
2. sin titubear
3. con todo
4. dar la bienvenida

Cognates and Word Formation

Words ending in **-sión** in Spanish are feminine and usually correspond to words ending in *-sion* or *-ssion* in English.

mansión	*mansion*
pasión	*passion*

Words ending in **-ico** in Spanish usually correspond to words ending in *-ic* or *-ical* in English.

básico	*basic*
lógico	*logical*

Guess the English cognates of the Spanish words in italics.

1. La *explosión* fue muy fuerte.
2. Ese comité no es *cívico*.
3. ¿No eran seres de este *planeta*?
4. La nave se posó entre polvo y *gases*.
5. Todos esperábamos su *visita*.
6. La bienvenida era *inminente*.
7. En *total* solo había dos naves.
8. ¿Prefieres las escalas de *metal*?
9. En dos *minutos* se apagaron los retrocohetes.
10. El *terror* no afectó las relaciones.

TAKE A GUESS

Which words do you associate with the following passages?

1. No hubo explosión alguna. Se encendieron los retrocohetes y la nave se acercó a la superficie de la tierra.

temor

2. Se dispuso a esperar la salida de los lejanos visitantes, preocupado por hacer de aquel primer encuentro un trance grato.

cortesía

3. Él no pudo reprimir un grito de terror. Esperó fijo en su sitio con el corazón al galope.

bienvenida

4. Cada uno de nosotros debe ser un embajador dotado del más fino tacto, de la más cortés de las diplomacias.

desembarco

5. Luego se abrió la escotilla, por
   la que se proyectó sin tardanza
   una escala de acceso.

aterrizaje

USING VOCABULARY IN CONTEXT

Fill in the blanks with the appropriate words from the list below.
Make sure the paragraph makes sense.

escotillas	planetas	horrorosa
escalas	naves	encuentro
con suavidad		

La visita de habitantes de otros _____ era inminente. Cuando las
dos inmensas _____ espaciales aterrizaron _____, todos estaban
reunidos esperando ese primer _____. Inmediatamente después
se abrieron las _____ y los seres espaciales descendieron por
_____ de acceso de metal dorado. Al acercarse a los visitantes,
se hizo entonces evidente su _____ y espantosa forma.

Primer encuentro
ÁLVARO MENEN DESLEAL

No hubo explosión alguna. Se encendieron, simplemente, los retrocohetes, y la nave se acercó a la superficie del planeta. Se apagaron los retrocohetes y la nave, entre polvo y gases, con suavidad poderosa, se posó.

5   Fue todo.

Se sabía que vendrían. Nadie había dicho cuándo; pero la visita de habitantes de otros mundos era inminente. Así, pues, no fue para él una sorpresa total. Es más: había sido entrenado, como todos, para recibirlos. «Debemos estar preparados —le ins-
10 truyeron en el Comité Cívico—; un día de estos (mañana, hoy mismo...), pueden descender de sus naves. De lo que ocurra[1] en los primeros minutos del encuentro dependerá la dirección de las futuras relaciones interespaciales... Y quizás nuestra super-vivencia.[2] Por eso, cada uno de nosotros debe ser un embajador
15 dotado del más fino tacto, de la más cortés de las diplomacias».

Por eso caminó sin titubear el medio kilómetro necesario para llegar hasta la nave. El polvo que los retrocohetes habían le-vantado le molestó un tanto;[3] pero se acercó sin temor alguno, y sin temor alguno se dispuso a esperar la salida de los lejanos
20 visitantes, preocupado únicamente por hacer de aquel primer encuentro un trance grato[4] para dos planetas, un paso agradable y placentero.

Al pie de la nave pasó un rato de espera, la vista fija en el metal dorado que el sol hacía destellar con reflejos que le herían
25 los ojos; pero ni por eso parpadeó.

Luego se abrió la escotilla, por la que se proyectó sin tardanza una estilizada[5] escala de acceso.

No se movió de su sitio, pues temía que cualquier movimiento suyo, por inocente que fuera, lo interpretaran los visitantes como
30 un gesto hostil. Hasta se alegró de no llevar sus armas consigo.

Lentamente, oteando,[6] comenzó a insinuarse, al fondo de la escotilla, una figura.

---

[1]**de... ocurra** on whatever takes place [2]**y... supervivencia** and maybe our survival [3]**le... un tanto** bothered him somewhat [4]**trance grato** a pleasing moment [5]**estilizada** streamlined [6]**otear** to scan

Cuando la figura se acercó a la escala para bajar, la luz del sol le pegó de lleno.[7] Se hizo entonces evidente su horrorosa, su espantosa forma.

Por eso, él no pudo reprimir[8] un grito de terror.

Con todo, hizo un esfuerzo supremo y esperó, fijo en su sitio, 5 el corazón al galope.[9]

La figura bajó hasta el pie de la nave, y se detuvo frente a él, a unos pasos de distancia.

Pero él corrió entonces. Corrió, corrió y corrió. Corrió hasta avisar a todos, para que prepararan sus armas: no iban a dar la 10 bienvenida a un ser con *dos* piernas, *dos* brazos, *dos* ojos, *una* cabeza, *una* boca...

POSTREADING ACTIVITIES

READING COMPREHENSION

A. Select the word or phrase that best completes each statement according to *Primer encuentro*.

1. La nave espacial... a la superficie del planeta.
   a) se encontró
   b) se alejó
   c) se acercó

2. La visita de habitantes de otros mundos era...
   a) inminente.
   b) necesaria.
   c) diplomática.

3. El Comité Cívico pensaba que todos los habitantes debían estar... para el encuentro.
   a) placenteros
   b) preparados
   c) preocupados

---

[7]**la luz... de lleno** sunlight struck it directly   [8]**reprimir** to suppress   [9]**el corazón al galope** with his heart pounding

4. De los primeros minutos del encuentro dependerían...
   a) los futuros experimentos.
   b) las futuras relaciones interespaciales.
   c) el futuro del Comité.
5. Los retrocohetes habían levantado mucho...
   a) polvo.
   b) gas.
   c) tacto.
6. Él no se movió porque...
   a) se sentía muy contento con el encuentro.
   b) no quería que los visitantes tuvieran miedo.
   c) tenía sus armas consigo.
7. La figura que salió de la nave era...
   a) agradable y placentera.
   b) cortés y diplomática.
   c) horrorosa y espantosa.
8. El primer encuentro entre los dos seres de planetas diferentes va a ser...
   a) grato.
   b) violento.
   c) diplomático.
9. El protagonista de la historia es...
   a) un ser terrestre.
   b) un ser humano.
   c) un ser de otro planeta.

B. Answer the following questions in Spanish based on the reading.

1. ¿Cómo sabía el protagonista que iban a llegar habitantes de otros planetas?
2. ¿Por qué era importante el primer encuentro?
3. ¿Tenía el protagonista miedo a ese primer encuentro?
4. ¿Cómo era el visitante que descendió de la nave? Descríbalo.
5. ¿Por qué corrió asustado el protagonista?

STRUCTURES

A. *Prepositions*

Rewrite the sentences below, using the following prepositions:
en, de, por, con, para, a, entre, hasta.

1. La nave se acercó _____ la superficie de la tierra.

2. Con suavidad poderosa, la nave se posó _en_ el suelo _de_ polvo y gases.
3. La visita _____ habitantes _____ otros planetas era inminente.
4. La noticia no fue una sorpresa _____ él.
5. Ellos pueden descender _____ sus naves _____ cualquier momento.
6. Caminó el medio kilómetro que necesitaba _____ llegar _____ la nave.
7. Quería hacer _____ aquel encuentro un trance grato _____ los dos planetas.
8. _____ la escotilla se proyectó una escala _____ acceso.
9. El narrador corrió _____ avisar a todos de la llegada del raro visitante.
10. No querían dar la bienvenida _____ un ser _____ sólo dos brazos, dos piernas, dos ojos.
11. _____ eso, no pudo reprimir un grito _____ terror.

B. The Imperfect Subjunctive Tense

Rewrite the following sentences, using the imperfect subjunctive tense of the verbs in parentheses.

1. Sería mejor que Ud. (tener) _tuviera_ más cuidado con sus libros.
2. El Comité Cívico esperaba que yo (saber) _supiera_ la verdad.
3. Ni aunque tú lo (pensar) _pensaras_ un año entero podrías darme la respuesta que busco.
4. Temía que cualquier movimiento por inocente que (ser) _fuera_ lo interpretaran los visitantes como un gesto hostil.
5. Llamamos a todos los habitantes para que ellos (preparar) _prepararon_ sus armas.
6. Ellos querían que nosotros (hacer) _hiciéramos_ más viajes espaciales.
7. Uno de nosotros actúa como si (ser) _fuera_ el más cortés de los diplomáticos.
8. El habitante espacial apagó los retrocohetes para que su nave (poder) _pudiera_ descender con suavidad.

C. The Pluperfect Tense

Rewrite the following sentences, using the pluperfect tense of the verbs in parentheses.

1. Nadie (decir) _____ cuándo era que venían los visitantes de otros mundos.

2. Él (ser) _____ entrenado para recibirlos.
3. Los retrocohetes (levantar) _____ mucho polvo.
4. Ellos se (preocupar) _____ mucho preparándose para ese primer encuentro.
5. El visitante no (hacer) _____ ningún movimiento hostil.

WRITING PRACTICE

Use your imagination to write an essay of at least 100 words on one of the topics listed below. Your composition will be evaluated for grammatical correctness and vocabulary usage.

1. **El mundo del protagonista del cuento.** ¿Cómo es? Incluya todos los detalles que pueda imaginar. ¿Cómo son los habitantes? ¿Tienen ojos, boca, brazos, piernas? ¿Cómo se comunican? ¿Qué temperamento tienen? ¿Qué tipo de civilización tienen? ¿Saben mucho sobre programas espaciales?
2. **El fin del cuento.** ¿Por qué es inesperado? ¿Cómo nos prepara el narrador para que lo aceptemos? ¿Cree Ud. que nos enseña algo sobre la naturaleza humana? ¿Qué nos enseña? ¿Qué va a suceder entre los dos mundos?

COMMUNICATIVE ACTIVITY

Share with one or two of your classmates your ideas about one of the following topics.

1. **Los viajes espaciales.** ¿Cree Ud. que los laboratorios espaciales del futuro deben ser operados por robots o por astronautas? ¿Por qué? ¿Bajo qué condiciones se deben hacer los lanzamientos de naves espaciales? ¿Qué peligros existen en este tipo de programa? ¿Qué sabe Ud. del programa espacial de su país? ¿Cree que deben participar personas que no sean astronautas? ¿Por qué?
2. **Seres de otros mundos.** ¿Cree Ud. que con el progreso de los programas espaciales tendremos la oportunidad de comunicarnos con seres de otros planetas? ¿Cómo cree Ud. que serán? ¿Ha visto filmes o leído libros sobre encuentros con seres extraterrestres? ¿Le gustaron? ¿Por qué? ¿Qué personaje le pareció más interesante?
3. **Temor a lo desconocido.** ¿Fue normal la reacción del protagonista del cuento? ¿Cómo reaccionaría Ud. ante una situación similar? ¿Teme lo que no conoce? ¿Lo diferente?

El brujo postergado

JORGE LUIS BORGES

BASIC VOCABULARY

Nouns

la **argolla** ring
la **argolla de hierro** iron ring
la **bondad** kindness
la **celda** cell
la **codicia** desire, greed
el **deán** dean, presiding official of a cathedral
la **disculpa** apology

la **magia** magic
el **mandadero** messenger
la **misa** mass
el **nombramiento** appointment (*to a post*)
el **obispo** bishop
el **Papa** Pope
la **pieza** room
el **porvenir** future

Verbs

adivinar to guess
amenazar to threaten
asar to roast
asegurar to reassure
asentir (ie) to agree
contrariar to annoy, to upset

despedir (i) to say goodbye, to dismiss
disculparse to apologize
encargar to order
fallecer (zc) to die
revisar to go through
rogar to implore, to beg

Adjectives

avergonzado(-a) ashamed

labrado(-a) carved

Useful Expressions

de luto in mourning

no tener más remedio to have no other choice

VOCABULARY USAGE

A. Select the word that does not belong to each group.

1. deán, Papa, obispo, fantasma, cardenal
2. biblioteca, pieza, habitación, argolla, gabinete
3. mandadero, escudero, cocinero, sirviente, prelado
4. hermano, padre, celda, tío, hijo
5. comer, asar, perdices, cocinar, misa
6. adivinar, porvenir, magia, labrado, sabio

B. Write complete sentences of your own, using the following expressions.

1. al pie de
2. no tener más remedio que
3. tener deseos de
4. tomar por la mano
5. descender por
6. dejar en las manos

C. Match the words in *Column A* with the definitions in *Column B*.

A	B
1. _c_ Papa	a. ceremonia principal de la religión católica
2. _f_ codicia	
3. _b_ adivinar	b. predecir el porvenir
4. _g_ asentir	c. líder máximo de la igle-sia católica
5. _d_ disculpa	
6. _e_ amenazar	d. pretexto
7. _a_ misa	e. intimidar
	f. ambición desordenada de riquezas
	g. consentir

COGNATES AND WORD FORMATION

The Spanish suffix **-dad** is used frequently to form a feminine noun derived from an adjective.

igual $\longrightarrow$ igual**dad**

íntimo $\longrightarrow$ intimi**dad**

A. Give the adjectives from which the following nouns were formed.

1. continuidad
2. enfermedad
3. contrariedad
4. felicidad
5. capacidad
6. soledad
7. maldad

8. actividad
9. prosperidad
10. sinceridad
11. oportunidad
12. facilidad
13. santidad

B. Give the English cognates of the words in italics.

1. El deán era un hombre *miserable*.
2. El *profesor* de magia estaba en el gabinete.
3. No cumplió con su *promesa*.
4. Su *capacidad* era infinita.
5. El cuento demuestra la *ingratitud* de algunos seres humanos.
6. Después de la misa vino la *procesión*.
7. ¿Quién fue su *sucesor*?

TAKE A GUESS

Which expressions do you associate with the following descriptions?

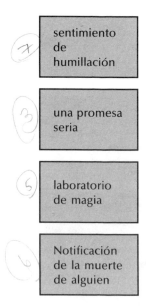

1. Había un deán que tenía la codicia de aprender.

sentimiento de humillación

2. El alojamiento era muy fresco.

una promesa seria

3. El deán le prometió y aseguró que nunca olvidaría aquel favor.

laboratorio de magia

4. Le dijo a la sirvienta que tuviera perdices para la cena, pero que no las pusiera a asar hasta que la mandaran.

Notificación de la muerte de alguien

5. Al pie de la escalera había un gabinete con instrumentos mágicos.

un cuarto agradable

6. Llegó una carta en la que se leía que el obispo había fallecido.

deseo ardiente de saber

7. El deán estaba tan avergonzado que no pudo disculparse.

orden de cocinar

USING VOCABULARY IN CONTEXT

The following paragraph narrates the story of an ambitious religious leader who wanted to learn magic. Fill in the blanks with the appropriate words from the list below. Be creative, but make sure the paragraph makes sense.

porvenir   escalera   revisaron
sitio   explicó   sabio
alojamiento   deán   argolla
razón   magia   codicia
gabinete   habitación   mágicas
pieza   entraron

Había una vez un _deán_ de muy buen _porvenir_ ? que tenía una gran _codicia_ de aprender el arte de la _magia_. Un día fue a visitar a un _sabio_ famoso que encontró leyendo en una _habitación_ apartada de su casa en Toledo. Ambos entraron en un _alojamiento_ muy fresco y discutieron la _razón_ de la visita. El sabio le _explicó_ al deán que las artes _mágicas_ tenían que aprenderse en un _sitio_ apartado. Luego el sabio y el deán fueron a una _pieza_ contigua en cuyo piso había una gran _argolla_ de hierro. Levantaron la argolla y descendieron por una _escalera_ de piedra, _entraron_ por una puerta pequeña a una gran biblioteca y luego a un _gabinete_ con instrumentos mágicos donde _revisaron_ varios libros y comenzaron una fantástica aventura.

El brujo postergado[1]

JORGE LUIS BORGES

En Santiago[2] había un deán que tenía codicia de aprender el arte
de la magia. Oyó decir que don Illán de Toledo[3] la sabía más
que ninguno, y fue a Toledo a buscarlo.

El día que llegó fue a la casa de don Illán y lo encontró
5 leyendo en una habitación apartada. Éste lo recibió con bondad
y le dijo que postergara el motivo de su visita hasta después de
comer. Le señaló un alojamiento muy fresco y le dijo que lo
alegraba mucho su visita. Después de comer, el deán le refirió
la razón de aquella visita y le rogó que le enseñara la ciencia
10 mágica. Don Illán le dijo que adivinaba que era deán, hombre
de buena posición y buen porvenir, y que temía ser olvidado
luego por él. El deán le prometió y aseguró que nunca olvidaría
aquella merced,[4] y que estaría siempre a sus órdenes. Ya arreglado
el asunto, explicó don Illán que las artes mágicas no se podían
15 aprender sino en sitio apartado, y tomándolo por la mano, lo
llevó a una pieza contigua, en cuyo piso había una gran argolla
de hierro. Antes le dijo a la sirvienta que tuviera perdices para
la cena, pero que no las pusiera a asar hasta que la mandaran.
Levantaron la argolla entre los dos y descendieron por una es-
20 calera de piedra bien labrada, hasta que al deán le pareció que
habían bajado tanto que el lecho[5] del Tajo estaba sobre ellos. Al
pie de la escalera había una celda y luego una biblioteca y luego
una especie de gabinete con instrumentos mágicos. Revisaron los
libros y en eso estaban cuando entraron dos hombres con una
25 carta para el deán, escrita por el obispo, su tío, en la que le hacía
saber que estaba muy enfermo y que, si quería encontrarlo vivo,
no demorara. Al deán lo contrariaron mucho estas nuevas,[6] lo
uno[7] por la dolencia[8] de su tío, lo otro[9] por tener que interrumpir
los estudios. Optó por escribir una disculpa y la mandó al obispo.
30 A los tres días llegaron unos hombres de luto con otras cartas
para el deán, en las que se leía que el obispo había fallecido, que

---

[1]**postergar** to postpone; **el brujo postergado** the sorcerer who was put off
[2]**Santiago** city in NW Spain   [3]**Toledo** city in central Spain, on the Tagus river
[4]**merced** favor   [5]**lecho** bed (*of the river*)   [6]**nuevas** news, tidings   [7]**lo uno**
on the one hand   [8]**dolencia** ailment   [9]**lo otro** on the other hand

estaban eligiendo sucesor, y que esperaban por la gracia de Dios que lo elegirían a él. Decían también que no se molestara en venir, puesto que parecía mucho mejor que lo eligieran en su ausencia.

A los diez días vinieron dos escuderos[10] muy bien vestidos, que se arrojaron a sus pies[11] y besaron sus manos, y lo saludaron obispo.[12] Cuando don Illán vio estas cosas, se dirigió con mucha alegría al nuevo prelado y le dijo que agradecía al Señor que tan buenas nuevas llegaran a su casa. Luego le pidió el decanazgo[13] vacante para uno de sus hijos. El obispo le hizo saber que había reservado el decanazgo para su propio hermano, pero que había determinado favorecerlo y que partieran juntos para Santiago.

Fueron para Santiago los tres, donde los recibieron con honores. A los seis meses recibió el obispo mandaderos del Papa que le ofrecía el arzobispado de Tolosa,[14] dejando en sus manos el nombramiento de sucesor. Cuando don Illán supo esto, le recordó la antigua promesa y le pidió ese título para su hijo. El arzobispo le hizo saber que había reservado el obispado para su propio tío, hermano de su padre, pero que había determinado favorecerlo y que partieran juntos para Tolosa. Don Illán no tuvo más remedio que asentir.

Fueron para Tolosa los tres, donde los recibieron con honores y misas. A los dos años, recibió el arzobispo mandaderos del Papa que le ofrecía el capelo[15] de Cardenal, dejando en sus manos el nombramiento de sucesor. Cuando don Illán supo esto, le recordó la antigua promesa y le pidió ese título para su hijo. El Cardenal le hizo saber que había reservado el arzobispado para su propio tío, hermano de su madre, pero que había determinado favorecerlo y que partieran juntos para Roma. Don Illán no tuvo más remedio que asentir. Fueron para Roma los tres, donde los recibieron con honores y misas y procesiones. A los cuatro años murió el Papa y nuestro Cardenal fue elegido para el papado[16] por todos los demás. Cuando don Illán supo esto, besó los pies de Su Santidad, le recordó la antigua promesa y le pidió el

---

[10]**escudero** squire [11]**arrojarse a los pies** to throw oneself at someone's feet [12]**y... obispo** and greeted him as a bishop [13]**decanazgo** deanship [14]**el arzobispado de Tolosa** the Archbishopric of Tolosa (Spain) [15]**capelo** cardinal's hat [16]**papado** papacy

cardenalato[17] para su hijo. El Papa lo amenazó con la cárcel,[18] diciéndole que bien sabía él que no era más que un brujo y que en Toledo había sido profesor de artes mágicas. El miserable don Illán dijo que iba a volver a España y le pidió algo para comer
5 durante el camino. El Papa no accedió. Entonces don Illán (cuyo rostro se había remozado[19] de un modo extraño), dijo con una voz sin temblor:

—Pues tendré que comerme las perdices que para esta noche encargué.

10 La sirvienta se presentó y don Illán le dijo que las asara. A estas palabras, el Papa se halló[20] en la celda subterránea en Toledo, solamente deán de Santiago, y tan avergonzado de su ingratitud que no atinaba a disculparse.[21] Don Illán dijo que bastaba[22] con esa prueba, le negó su parte de[23] las perdices y lo
15 acompañó hasta la calle, donde le deseó feliz viaje y lo despidió con gran cortesía.

READING COMPREHENSION

Answer the following questions in Spanish based on the reading.

1. ¿Qué quería el deán de Santiago?
2. ¿Qué hizo cuando llegó a Toledo?
3. ¿Qué temía don Illán?
4. ¿Qué le prometió el deán?
5. ¿Qué le dijo don Illán a la cocinera?
6. ¿A dónde fueron don Illán y el deán? Describa el lugar.
7. ¿Qué noticias traen los dos hombres?

---

[17]**cardenalato** cardinalship [18]**lo... cárcel** he threatened him with jail [19]**remozar** to rejuvenate; **cuyo... remozado** whose face had become younger [20]**el... halló** the pope found himself [21]**atinar a** to succeed in; **no atinaba a disculparse** he was incapable of apologizing [22]**bastar** to be sufficient [23]**le negó su parte de** he refused to give him his share of

8. ¿Por qué está contrariado el deán?
9. ¿Qué decía la carta que trajeron los dos hombres de luto?
10. ¿Qué le pide don Illán al deán?
11. ¿Para qué van a Tolosa?
12. ¿Para qué van a Roma?
13. ¿A qué perdices se refiere don Illán? ¿Qué indica la referencia a las perdices?
14. ¿Dónde se encontraban los hombres?
15. ¿Por qué despide don Illán al deán?
16. Explique el título del cuento.

STRUCTURES

A. Prepositions

Rewrite the following sentences, supplying the correct prepositions.

1. En Santiago había un deán que tenía codicia (en/de) _____ aprender las artes mágicas.
2. Él le dijo que postergara el motivo de su visita (en/hasta) _____ después de comer.
3. El deán quería perdices (por/para) _____ la cena.
4. Le dijeron que no se molestara (para/en) _____ venir.
5. Luego le pidió el decanazgo vacante (por/para) _____ uno de sus hijos.
6. Le hizo saber que había reservado el obispado (por/para) _____ uno de sus hijos.
7. Los tres se fueron (a/con) _____ Tolosa.
8. Ellos los recibieron (con/de) _____ honores.
9. Él le dijo con una voz (de/sin) _____ temblor que tendría que comerse él solo las perdices.
10. El deán le negó su parte (en/de) _____ las perdices.

B. The Imperfect Subjunctive Tense

Rewrite the following sentences, using the imperfect subjunctive tense of the verbs in parentheses.

1. Don Illán le dijo al deán que (postergar) _____ el motivo de su visita.
2. El deán le rogó que le (enseñar) _____ su magia.

3. Don Illán le dijo a la sirvienta que (preparar) _____ perdices para la cena.
4. Él le dijo a ella que no las (poner) _____ a asar hasta que él la (mandar) _____.
5. El tío le escribió al deán que si quería encontrarlo vivo que no se (demorar) _____ en ir a verlo.
6. Los mandaderos le dijeron que no se (molestar) _____ en ir.
7. Ellos creían que era mucho mejor que lo (elegir) _____ en ausencia.
8. Él siempre agradecía que tan buenas nuevas (llegar) _____ a su casa.
9. El deán le pidió que (partir) _____ juntos para Santiago.
10. Don Illán le dijo a la sirviera que (asar) _____ las perdices.

WRITING PRACTICE

Create a brief dialogue, 125 words in length, in which you assume one of the roles described below. Your composition will be evaluated for grammatical correctness and vocabulary usage.

1. Asuma el papel de don Illán y explíquele cuidadosamente al deán por qué no puede enseñarle el arte de la magia.
2. Asuma el papel del deán y convenza de la mejor manera posible a don Illán de que debe darle otra oportunidad para aprender el arte de la magia.

COMMUNICATIVE ACTIVITY

Prepare the questions below to discuss in class with a classmate.

1. **El agradecimiento.** ¿Es el agradecimiento parte de la naturaleza humana o es un producto cultural? ¿Qué otras culturas dan más muestras de agradecimiento que la suya? Dé ejemplos específicos. Hay personas que piensan que los perros son más agradecidos que muchos seres humanos. ¿Qué piensa Ud. de eso? ¿Qué historias famosas sobre el agradecimiento de animales recuerda Ud.? ¿Es popular este tipo de historia? ¿Por qué?

2. **El agradecimiento hacia la familia.** ¿Ha pensado Ud. en todo lo que han hecho sus padres por Ud.? Específicamente, ¿qué han hecho? ¿Cree que así como sus padres lo cuidaron cuando era un recién nacido, Ud. debe cuidarlos cuando ellos sean muy viejos y no puedan valerse por sí mismos? ¿Usualmente qué se hace en su cultura con las personas muy viejas? ¿Qué opina Ud. de esta práctica? ¿Es una buena señal de agradecimiento?

3. **El agradecimiento hacia los maestros.** ¿Se siente agradecido hacia alguno de sus maestros o profesores? ¿Por qué? Describa al profesor o maestro que más ha influido en su vida. ¿En qué ha influido? ¿Por qué?

*J*aque mate en dos jugadas

W. I. Eisen

BASIC VOCABULARY

Nouns

el **ahorro** saving
el **callejón** alleyway
el **cerebro** brain
el **holgazán** loafer
el **ingenio** cleverness
la **libreta** notebook
el **malestar** malaise, indisposition
la **mancha** stain

el **mayordomo** butler
le **mejilla** cheek
la **partida de ajedrez** chess game
el, la **perito/a** expert
la **prisa** haste, hurry
el **puerto** harbor
el **trastorno** disorder, trouble

Verbs

alargar to lengthen
ambicionar to aspire to, to have ambition for something
aplicarse to apply oneself, to work hard
azotar to whip
bromear to joke
ceder to give in, to yield
despachar to dismiss

enloquecer (zc) to drive mad, to madden
envenenar to poison
malgastar to squander
pillar to catch
quemar to burn
refunfuñar to grumble
sospechar to suspect
tartamudear to stammer

Adjectives

amargo(-a) bitter
arraigado(-a) deep-rooted
entornado(-a) ajar, open

seco(-a) dry
testarudo(-a) stubborn, obstinate

(continued)

Useful Expressions

¡Al fin y al cabo! After all!

cada vez más more and more

cerrar el paso to block the way

de un tirón all at once

de un trago in one gulp

encontrar méritos to point out good qualities

estar harto(-a) to be fed up

llevarle la corriente to go along with

¿Y qué hay? And what of it?

VOCABULARY USAGE

A. Match the words in *Column A* with the definitions in *Column B*.

A	B
1. _____ ahorro	a. inflexible
2. _____ bromear	b. matar con veneno
3. _____ ambicionar	c. decisión de un juez
4. _____ envenenar	d. reserva de dinero
5. _____ perito	e. hacer una broma
6. _____ testarudo	f. experto
7. _____ sentencia	g. desear algo mucho

B. Select the word that does not belong to each group.

1. cerebro, cráneo, estómago, esófago, callejón
2. mejilla, boca, labio, mancha, frente
3. malestar, ingenio, contracciones, trastornos, ardores
4. ataque cardíaco, de un tirón, dolor agudo, alteración del pulso, ardor intenso, trastornos sensoriales
5. póquer, carrera de caballos, perito, solitario, partida de ajedrez
6. trabajador, dedicado, aplicado, holgazán, laborioso

C. Write complete sentences of your own, using the following expressions.

1. estar harto
2. de un tirón
3. llevarle la corriente
4. cerrar el paso

COGNATES AND WORD FORMATION

Spanish adjectives ending in **-oso, -osa** usually have an English equivalent reading in *-ous.*

generoso	*generous*
delicioso	*delicious*

Spanish words ending in **-izar** usually have an English equivalent ending in *-ize.*

generalizar	*to generalize*
legalizar	*to legalize*

Guess the English cognates of the words in italics.

1. Creo que este cuento va a ser *misterioso.*
2. Hay dos sobrinos muy *ambiciosos.*
3. Pero el *famoso* día no llegaba.
4. Y desde pequeños nos querían *tiranizar.*
5. No sabía qué *utilizar* para matarlo.
6. Creo que lo hizo porque cada día su tío era más *intolerable.*
7. ¿Cómo podía obedecer esas *órdenes arbitrarias?*
8. Su *posición* no era muy *favorable.*
9. Sólo escuchaba el sonido *metálico* de las monedas.
10. Mi tío sufría de una enfermedad *cardíaca.*
11. Me miró con brillo *demoníaco* en las *pupilas.*
12. ¡Estaba cansado de su *despotismo!*
13. Cuando recorrimos el *edificio,* pasamos por la biblioteca.
14. Sabía que sentiría una gran debilidad *muscular* y fuertes *contracciones.*
15. Como no era *inteligente* ni *dedicado* no recibí mi *diploma.*

TAKE A GUESS

Which expressions do you associate with the following descriptions?

1. Era una insignificante copa de coñac, pero contenía la muerte.

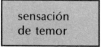

sensación de temor

2. El veneno producía un efecto lento: alteración del pulso, malestar y apariencia de un pacífico ataque cardíaco sin huellas comprometedoras.

3. Lo hice con alegría. Me ardían las mejillas, me quemaban los labios. ¡Me sentía liberado!

4. El río era una mancha sucia cerca del paredón. A lo lejos barcos, luces verdes, rojas, blancas.

5. Yo ¡asesino! Sentía las rodillas débiles, las mejillas calientes, un dolor en las sienes y las manos me temblaban.

6. El mayordomo trató de hablarme. Uno de los uniformados, el jefe del grupo, por lo visto, le selló los labios con un gesto.

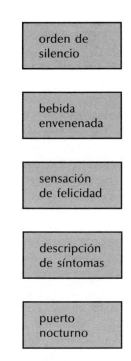

orden de silencio

bebida envenenada

sensación de felicidad

descripción de síntomas

puerto nocturno

Using Vocabulary in Context

Read the following paragraph without consulting your dictionary. How many cognates can you recognize? Are there any false cognates?

Ahora me siento un poco más liberado de mi conducta impropia e hipócrita. Estoy más calmado y puedo hablar por unos minutos sobre lo que ocurrió en ese palacio donde sólo importaba el sonido metálico de las monedas y la dedicación demoníaca a los aspectos materialistas de la vida. Sé que mi posición actual no es favorable y aunque ahora todo está tranquilo, lo más seguro es que termine en la silla eléctrica por el asesinato de mi tío. Traté de resolver el conflicto interno que sentía sin escuchar las recomendaciones de mi conciencia. Si las hubiera escuchado, no habría sufrido lo que sufro ahora. Mi tío tampoco hubiera sufrido las terribles contracciones musculares que finalmente terminaron con su existencia. Ahora soy yo el indefenso, el solitario que espera el veredicto oficial y legal que castigue mi actuación. Mi desesperación es de nuevo absoluta. Todo ha terminado para mí.

Jaque mate en dos jugadas[1]
W. I. EISEN

Yo lo envenené. En dos horas quedaría liberado. Dejé a mi tío
Néstor a las veintidós.[2] Lo hice con alegría. Me ardían las mejillas.
Me quemaban los labios. Luego me calmé y eché a caminar tran-
quilamente por la avenida en dirección al puerto.

5   Me sentía contento. Liberado. Hasta Guillermo saldría socio
beneficiario[3] en el asunto. ¡Pobre Guillermo! ¡Tan tímido, tan
inocente! Era evidente que yo debía pensar y obrar por ambos.
Siempre sucedió así. Desde el día en que nuestro tío nos llevó a
su casa. Nos encontramos perdidos en el palacio. Era un lugar
10 seco, sin amor. Únicamente el sonido metálico de las monedas.

—Tenéis que acostumbraros al ahorro, a no malgastar. ¡Al
fin y al cabo, algún día será vuestro! —decía. Y nos acostum-
bramos a esperarlo.

Pero ese famoso y deseado día no llegaba, a pesar de que tío
15 sufría del corazón. Y si de pequeños[4] nos tiranizó, cuando cre-
cimos se hizo cada vez más intolerable.

Guillermo se enamoró un buen día. A nuestro tío no le gustó
la muchacha. No era lo que ambicionaba para su sobrino.

—Le falta cuna[5]... , le falta roce[6]... , ¡puaf! Es una ordinaria...
20 —sentenció.

Inútil fue que Guillermo se dedicara a encontrarle méritos.[7]
El viejo era testarudo y arbitrario.

Conmigo tenía otra clase de problemas. Era un carácter contra otro. Se empeñó en doctorarme[8] en bioquímica. ¿Resultado?
25 Un perito en póquer y en carreras de caballos. Mi tío para esos
vicios no me daba ni un centavo. Tenía que emplear todo mi
ingenio[9] para quitarle un peso.

Uno de los recursos era aguantarle sus interminables partidas
de ajedrez; entonces yo cedía con aire de hombre magnánimo,
30 pero él, en cambio, cuando estaba en posición favorable alargaba

---

[1]**jaque mate en dos jugadas** checkmate in two moves [2]**a las veintidós** at 10
P.M. [3]**socio beneficiario** partner in the profits [4]**de pequeños** when we were
kids (*children*) [5]**le falta cuna** she lacks lineage [6]**roce** class [7]**encontrarle méritos** to point out her good qualities [8]**se... doctorarme** he insisted that I get a
doctorate [9]**ingenio** cleverness

el final, anotando las jugadas con displicencia,[10] sabiendo de mi prisa por salir para el club. Gozaba con mi infortunio saboreando su coñac.[11]

Un día me dijo con tono condescendiente:

—Observo que te aplicas en el ajedrez. Eso me demuestra 5 dos cosas: que eres inteligente y un perfecto holgazán. Sin embargo, tu dedicación tendrá su premio. Soy justo. Pero eso sí, a falta de diplomas, de hoy en adelante tendré de ti bonitas anotaciones de las partidas.[12] Sí, muchacho, vamos a guardar cada uno los apuntes de los juegos en libretas para compararlas. ¿Qué 10 te parece?

Aquello podría resultar un par de cientos de pesos, y acepté. Desde entonces, todas las noches, la estadística. Estaba tan arraigada la manía en él, que en mi ausencia comentaba las partidas con Julio, el mayordomo.   15

Ahora todo había concluido. Cuando uno se encuentra en un callejón sin salida, el cerebro trabaja, busca, rebusca. Y encuentra. Siempre hay salida para todo. No siempre es buena. Pero es salida.

Llegaba a la Costanera.[13] Era una noche húmeda. En el cielo 20 nublado, alguna chispa eléctrica. El calorcillo mojaba las manos, resecaba la boca.

En la esquina, un policía me hizo saltar el corazón.[14]

El veneno, ¿cómo se llamaba? Aconitina. Varias gotitas en el coñac mientras conversábamos. Mi tío esa noche estaba encan- 25 tador. Me perdonó la partida.[15]

—Haré un solitario[16]—dijo—. Despaché a los sirvientes... ¡Hum! Quiero estar tranquilo. Después leeré un buen libro. Algo que los jóvenes no entienden... Puedes irte.

—Gracias, tío. Hoy realmente es... sábado.   30

—Comprendo.

¡Demonios! El hombre comprendía. La clarividencia del condenado.

---

[10]**anotando... displicencia** noting down the moves with indifference   [11]**gozaba... coñac** he enjoyed my misfortune while savoring his cognac   [12]**pero... partidas** but keep in mind that since you will never get a degree, from now on you will keep for me a very nice record of the games   [13]**Costanera** avenue in Buenos Aires, Argentina   [14]**me... corazón** made my heart skip a beat   [15]**me... partida** he excused me from the game   [16]**haré un solitario** I will play by myself

El veneno producía un efecto lento, a la hora, o más, según el sujeto. Hasta seis u ocho horas. Justamente durante el sueño. El resultado: la apariencia de un pacífico ataque cardíaco, sin huellas comprometedoras.[17] Lo que yo necesitaba. ¿Y quién sos-
5 pecharía? El doctor Vega no tendría inconveniente en suscribir el certificado de defunción.[18] ¿Y si me descubrían? ¡Imposible!

Pero, ¿y Guillermo? Sí. Guillermo era un problema. Lo hallé en el *hall* después de preparar la «encomienda» para el infierno.[19] Descendía la escalera, preocupado.

10 —¿Qué te pasa? —le pregunté jovial, y le hubiera agregado de buena gana: «¡Si supieras, hombre!»

—¡Estoy harto! —me replicó.

—¡Vamos! —Le palmoteé[20] la espalda—. Siempre estás dispuesto a la tragedia...

15 —Es que el viejo me enloquece. Últimamente, desde que volviste a la Facultad y le llevas la corriente en el ajedrez, se la toma conmigo.[21] Y Matilde...

—¿Qué sucede con Matilde?

—Matilde me lanzó un ultimátum: o ella, o tío.

20 —Opta por ella. Es fácil elegir. Es lo que yo haría...

—¿Y lo otro?

Me miró desesperado. Con brillo demoníaco en las pupilas; pero el pobre tonto jamás buscaría el medio de resolver su problema.

25 —Yo lo haría —siguió entre dientes—; pero, ¿con qué viviríamos? Ya sabes cómo es el viejo... Duro, implacable. ¡Me cortaría los víveres![22]

—*Tal vez las cosas se arreglen de otra manera...* —insinué bromeando—. ¡Quién te dice... !

30 —¡Bah!... —sus labios se curvaron con una mueca amarga[23]—. No hay escapatoria. Pero yo hablaré con el viejo tirano. ¿Dónde está ahora?

Me asusté. Si el veneno resultaba rápido... Al notar los primeros síntomas podría ser auxiliado y...

---

[17]**sin... comprometedoras** without incriminating traces   [18]**no tendría... defunción** would have no objection to signing the death certificate   [19]**después... infierno** after preparing the "parcel" (*i.e., the uncle*) to be sent to hell   [20]**palmotear** to pat   [21]**se... conmigo** he has been picking on me   [22]**cortarle los víveres a alguien** to cut off someone's subsistence   [23]**mueca amarga** bitter grimace

—Está en la biblioteca —exclamé—, pero déjalo en paz. Acaba de jugar la partida de ajedrez, y despachó a la servidumbre. ¡El lobo quiere estar solo en la madriguera![24] Consuélate en un cine o en un bar.

Se encogió de hombros.   5

—El lobo en la madriguera... —repitió. Pensó unos segundos y agregó, aliviado—: Lo veré en otro momento. Después de todo...

—Después de todo, no te animarías,[25] ¿verdad? —gruñí salvajemente.   10

Me clavó la mirada.[26] Sus ojos brillaron con una chispa siniestra, pero fue un relámpago.

Miré el reloj: las once y diez de la noche.

Ya comenzaría a producir efecto. Primero un leve malestar, nada más. Después un dolorcillo agudo, pero nunca demasiado 15 alarmante. Mi tío refunfuñaba una maldición para la cocinera. El pescado indigesto. ¡Qué poca cosa es todo![27] Debía de estar leyendo los diarios de la noche, los últimos. Y después, el libro, como gran epílogo. Sentía frío.

Las baldosas se estiraban en rombos.[28] El río era una mancha 20 sucia cerca del paredón. A lo lejos luces verdes, rojas, blancas. Los automóviles se deslizaban chapoteando en el asfalto.

Decidí regresar, por temor a llamar la atención. Nuevamente por la avenida hacia Leandro N. Alem.[29] Por allí a Plaza de Mayo.[30] El reloj me volvió a la realidad. Las once y treinta y seis. 25 Si el veneno era eficaz, ya estaría todo listo. Ya sería dueño de millones. Ya sería libre... Ya sería... , *ya sería asesino.*

Por primera vez pensé en la palabra misma. Yo ¡asesino! Las rodillas me flaquearon.[31] Un rubor me azotó el cuello, me subió a las mejillas, me quemó las orejas, martilló mis sienes.[32] Las 30 manos transpiraban.[33] El frasquito de aconitina en el bolsillo llegó a pesarme una tonelada. Busqué en los bolsillos rabiosamente

---

[24]**¡El lobo... madriguera!** The wolf wants to be left alone in its den! [25]**no te animarías** you would not have the nerve [26]**me... mirada** he fixed his gaze on me [27]**¡qué... todo!** how easy it all is! [28]**las baldosas... rombos** the tiles (*of the streets*) stretched out in the shape of diamonds [29]**Leandro N. Alem** a street in downtown Buenos Aires [30]**Plaza de Mayo** main square of Buenos Aires [31]**flaquear** to weaken [32]**martilló mis sienes** hammered my temples [33]**transpirar** to perspire

hasta dar con él.[34] Era un insignificante cuentagotas[35] y contenía la muerte; lo arrojé lejos.

Avenida de Mayo. Choqué con varios transeúntes.[36] Pensarían en un borracho. Pero en lugar de alcohol, sangre.

5   Yo, asesino. Esto sería un secreto entre mi tío Néstor y mi conciencia. Recordé la descripción del efecto del veneno: «en la lengua, sensación de hormigueo[37] y embotamiento,[38] que se inicia en el punto de contacto para extenderse a toda la lengua, a la cara y a todo el cuerpo».

10   Entré en un bar. Un tocadiscos atronaba[39] con un viejo *ragtime*. «En el esófago y en el estómago, sensación de ardor intenso». Millones. Billetes de mil, de quinientos, de cien. Póquer. Carreras. Viajes... «sensación de angustia, de muerte próxima, enfriamiento profundo generalizado, trastornos sensoriales, debilidad muscu-
15   lar, contracciones, impotencia de los músculos».

Habría quedado solo. En el palacio. Con sus escaleras de mármol. Frente al tablero de ajedrez. Allí el rey, y la dama, y la torre negra. Jaque mate.

El mozo se aproximó. Debió sorprender mi mueca amarga,
20   mis músculos en tensión, listos para saltar.

—¿Señor?

—Un cõnac...

—Un cõnac... —repitió el mozo—. Bien, señor —y se alejó.

El tictac del reloj cubría todos los rumores. Hasta los de mi
25   corazón. La una. Bebí el coñac de un trago.

«Como fenómeno circulatorio, hay alteración del pulso e hipotensión que se derivan de la acción sobre el órgano central, llegando, en su estado más avanzado, al síncope cardíaco... » Eso es. El síncope cardíaco. La válvula de escape.

30   A las dos y treinta de la mañana regresé a casa. Al principio no lo advertí. Hasta que me cerró el paso. Era un agente de policía. Me asusté.

—¿El señor Claudio Álvarez?

—Sí, señor... —respondí humildemente.
35   —Pase usted... —me dijo.

---

[34]**hasta... él** until I found it [35]**cuentagotas** dropper [36]**choque... transeúntes** I bumped against several pedestrians [37]**hormigueo** pins and needles [38]**embotamiento** dullness [39]**atronar** to boom

—¿Qué hace usted aquí? —me animé a murmurar.

—Dentro tendrá la explicación —fue la respuesta.

En el *hall,* cerca de la escalera, varios individuos de uniforme se habían adueñado del palacio. ¿Guillermo? Guillermo no estaba presente. 5

Julio, el mayordomo, amarillo, espectral trató de hablarme. Uno de los uniformados, el jefe del grupo por lo visto, le selló los labios con un gesto. Avanzó hacia mí, y me inspeccionó como a un cobayo.⁴⁰

—Usted es el mayor de los sobrinos, ¿verdad? 10

—Sí, señor... —murmuré.

—Lamento decírselo, señor. Su tío ha muerto... asesinado — anunció mi interlocutor. La voz era calma, grave—. Y soy el inspector Villegas, y estoy a cargo de la investigación. ¿Quiere acompañarme a la otra sala? 15

—Dios mío —articulé anonadado—. ¡Es inconcebible!

Las palabras sonaron a huecas, a hipócritas. (*¡Ese dichoso veneno*⁴¹ *dejaba huellas! ¿Pero cómo... cómo?*)

—¿Puedo... puedo verlo? —pregunté.

—Por el momento, no. Además, quiero que me conteste 20 algunas preguntas.

—Como usted diga... —accedí azorado.⁴²

Lo seguí a la biblioteca vecina. El inspector Villegas me indicó un sillón y se sentó en otro. Encendió un cigarrillo y con evidente grosería no me ofreció ninguno. 25

—Usted es el sobrino... Claudio. —Pareció que repetía una lección aprendida de memoria.

—Sí, señor.

—Pues bien: explíquenos qué hizo esta noche.

Yo también repetí una letanía. 30

—Cenamos los tres, juntos como siempre. Guillermo se retiró a su habitación. Quedamos mi tío y yo charlando un rato; pasamos a la biblioteca. Después jugamos nuestra habitual partida de aje- drez; me despedí de mi tío y salí. En el vestíbulo me encontré con Guillermo que descendía por las escaleras rumbo a la calle. 35 Cambiamos unas palabras y me fui.

---

⁴⁰**cobayo** guinea pig ⁴¹**¡ese dichoso veneno!** that blasted poison! ⁴²**accedí azorado** I consented, terrified

—Y ahora regresa...

—Sí...

—¿Y los criados?

—Mi tío deseaba quedarse solo. Los despachó después de
5 cenar. A veces tenía estas y otras manías.

—Lo que usted dice concuerda en gran parte con la decla-
ración del mayordomo. Cuando éste regresó, hizo un recorrido
por el edificio. Notó la puerta de la biblioteca entornada y luz
adentro. Entró. Allí halló a su tío frente a un tablero de ajedrez,
10 muerto. La partida interrumpida... De manera que jugaron la
partidita, ¿eh?

Algo dentro de mí comenzó a saltar violentamente. Una sensación de zozobra, de angustia, me recorría con la velocidad de
un pebete.[43] En cualquier momento estallaría la pólvora. *¡Los*
15 *consabidos solitarios de mi tío!*[44]

—Sí, señor... —admití.

No podía desdecirme. Eso también se lo había dicho a Guillermo. Y probablemente Guillermo al inspector Villegas. Porque mi hermano debía de estar en alguna parte. El sistema de
20 la policía: aislarnos, dejarnos solos, inertes, indefensos, para
pillarnos.

—Tengo entendido[45] que ustedes llevaban un registro de las
jugadas. Para establecer los detalles en su orden, ¿quiere mos-
trarme su libretita de apuntes, señor Álvarez?

25 Me hundía en el cieno.[46]

—¿Apuntes?

—Sí, hombre —el policía era implacable—, deseo verla,
como es de imaginar. Debo verificarlo todo, amigo; lo dicho y lo
hecho por usted. *Si jugaron como siempre...*

30 Comencé a tartamudear.

—Es que... —Y después, de un tirón: —¡Claro que jugamos
como siempre!

Las lágrimas comenzaron a quemarme los ojos. Miedo. Un
miedo espantoso. Como debió sentirlo tío Néstor cuando aquella
35 «sensación de angustia... de muerte próxima... , enfriamiento
profundo, generalizado... » Algo me taladraba[47] el cráneo. Me

---

[43]**pebete** fuse (*of a firecracker*)   [44]**¡los... tío!** the well-known games my uncle
played alone!   [45]**tengo entendido** I understand   [46]**cieno** mud   [47]**taladrar** to drill

empujaban. El silencio era absoluto, pétreo. Los otros también estaban callados. Dos ojos, seis ojos, ocho ojos, mil ojos. ¡Oh, qué angustia!

Me tenían... me tenían... Jugaban con mi desesperación... Se divertían con mi culpa... 5

De pronto, el inspector gruñó:

—¿Y?

Una sola letra ¡pero tanto!

—¿Y? —repitió— Usted fue el último que lo vio con vida. Y, además, muerto. El señor Álvarez no hizo anotación alguna 10 esta vez, señor mío.

No sé por qué me puse de pie. Tenso. Elevé mis brazos, los estiré. Me estrujé las manos, clavándome las uñas, y al final chillé con voz que no era la mía:

—¡Basta! Si lo saben, ¿para qué lo preguntan? ¡Yo lo maté! 15 ¡Yo lo maté! ¿Y qué hay? ¡Lo odiaba con toda mi alma! ¡Estaba cansado de su despotismo! ¡Lo maté! ¡Lo maté!

El inspector no lo tomó tan a la tremenda.[48]

—¡Cielos! —dijo—. Se produjo más pronto de lo que yo esperaba. Ya que se le soltó la lengua, ¡dónde está el revólver? 20

El inspector Villegas no se inmutó. Insistió imperturbable.

—¡Vamos, no se haga el tonto ahora! ¡El revólver! ¿O ha olvidado que lo liquidó de un tiro? ¡Un tiro en la mitad de la frente, compañero! ¡Qué puntería![49]

POSTREADING ACTIVITIES

READING COMPREHENSION

A. Change the false statements to make them agree with the story.

1. El palacio en que vivía el tío Néstor era un lugar seco y sin amor.

---

[48]**no... tremenda** did not seem too surprised   [49]**¡qué puntería!** what an aim!

2. Al tío le gustó mucho la novia de Guillermo.
3. Guillermo envenenó a su tío.
4. Guillermo se casa con Matilde para no quedarse sin víveres.
5. Claudio trata de matar a su tío con un revólver.

B. Answer the following questions in Spanish based on the reading.

1. ¿Quién narra el cuento? ¿A qué hora había salido de su casa?
2. ¿Qué era lo único que se oía en el palacio?
3. ¿De qué enfermedad sufría el tío?
4. ¿Qué quiere el tío que Claudio estudie? ¿Lo hace él?
5. ¿Por qué jugaban tanto al ajedrez?
6. ¿Cómo mata Claudio a su tío?
7. ¿Qué hizo el tío al quedarse solo?
8. ¿Qué efectos produce el veneno?
9. ¿Qué dice el tío de la novia de Guillermo?
10. ¿Qué ultimátum le dio Matilde a Guillermo?
11. ¿Cómo reacciona Claudio al pensar que es un asesino?
12. ¿A qué hora regresa Claudio a su casa? ¿Qué encuentra allí?
13. ¿Tenía Claudio el registro de las jugadas que le pide el inspector? ¿Por qué?
14. ¿Por qué confiesa Claudio su crimen?
15. ¿Quién mató al tío? Explique el final del cuento.

STRUCTURES

A. Tú *Commands*

Make affirmative and negative **tú** commands from the following sentences.

1. Él sale temprano de la casa de su tío.
2. Él opta por ella.
3. Guillermo deja al viejo en paz.
4. Él se consuela en un cine o en un bar.
5. El mayordomo regresa a casa temprano.
6. Claudio hace las anotaciones de las partidas.
7. Él pone el veneno en el coñac.

B. *The Imperfect Subjunctive Tense*

Complete the following sentences, using the imperfect subjunctive tense of the verbs in parentheses.

1. Tal vez él no (saber) _____ la verdad.
2. Esperaba que tú (venir) _____ a tiempo.
3. Lo envenené porque no quería que (vivir) _____ más.
4. Él no esperaba que yo (confesar) _____ mi crimen tan rápido.
5. Era necesario que Claudio no (estar) _____ allí.
6. Fue inútil que Guillermo se (dedicar) _____ a encontrarle méritos a Matilde.

WRITING PRACTICE

Use your imagination to write an essay of about 100 words on one of the topics listed below. Your composition will be evaluated for grammatical correctness and vocabulary usage.

1. **La reacción de Guillermo.** ¿Cómo cree Ud. que va a reaccionar Guillermo cuando descubra que Claudio ha sido acusado del asesinato de su tío?
2. **El final del cuento.** ¿Por qué es inesperado? ¿Qué sucedió en casa durante la ausencia de Claudio? ¿Quién le disparó al tío? ¿Por qué motivo? ¿Quién será finalmente castigado? ¿Quién cree Ud. que debe ser castigado? Explique.

COMMUNICATIVE ACTIVITY

Interview one of your classmates using the questions provided below. Report your findings to the rest of the class.

1. ¿Qué piensas del carácter del tío?
2. ¿Crees que los sobrinos son un poco perezosos? ¿Qué piensas de ellos?
3. ¿No crees que ellos deberían haberse independizado un poco de su tío?
4. ¿Cómo es Guillermo? ¿Qué debe hacer si de verdad quiere casarse con Matilde?
5. ¿Cómo es Claudio?

6. ¿Has conocido alguna persona como el tío Néstor o como sus sobrinos?

7. ¿Te gusta ahorrar? ¿Crees que es bueno malgastar el dinero? ¿Qué compras consideras innecesarias? ¿Malgastas tu dinero a veces? ¿En qué?

8. Si fueras uno de los sobrinos, ¿qué habrías hecho?

9. ¿Qué fue lo que más te gustó de *Jaque mate en dos jugadas?*

Rosamunda

CARMEN LAFORET

BASIC VOCABULARY

Nouns

el **abalorio** bead necklace, showy article of little value

la **altivez** arrogance

el **cansacio** tiredness

el **éxito** success

la **fonda** small restaurant

el **lazo** bow

la **mariposa** butterfly

el **naranjo** orange tree

la **paliza** beating

el **pasillo** hallway

el **pendiente** earring

la **pestaña** eyelash

el **respaldo** back
  el **respaldo del asiento** back of the seat

el **vagón-tranvía** train-car

la **zapatilla** slipper
  las **zapatillas de baile** dancing shoes

Verbs

amargar to embitter, to cause ill-feeling

colgar (ue) to hang

enfadarse to get mad, to get angry

figurar to imagine

parecerse (zc) to look like, to resemble

soler (ue) to usually (do, etc.)

(continued)

Adjectives

acurrucado(-a) curled up

borracho(-a) drunk

derrochado(-a) squandered

descarado(-a) shameless, impudent

desgarrador(-a) heartrending

educado(-a) educated, well-mannered

embobado(-a) fascinated, stupefied

entumecido(-a) numb

estrafalario(-a) odd, extravagant

marchito(-a) withered, faded

mimado(-a) pampered

necio(-a) foolish

oxigenado(-a) bleached

plateado(-a) silver

vacilante unsteady, shaky

Useful Expressions

apenas hardly, scarcely

como quien dice so to speak

convertirse en to become

dar pena to feel sorry

de ninguna manera in no way whatsoever

hacer confidencias to confide in someone

¡Qué tipo más raro! What a strange character!

tener un arranque to have a fit

VOCABULARY USAGE

A. Select the word that does not belong to each group.

1. plataforma, ventanilla, vagón, abalorio, pasillo
2. sepulcro, tumba, mariposa, cementerio
3. zapatilla, botas, ventanilla, pie, zapato
4. pendiente, recital, verso, poesía, teatro
5. marchito, mimado, entumecido, cansado
6. plateado, oxigenado, rosado, embobado, azulado
7. comedor, mesas, paliza, restaurante, fonda
8. abalorio, collar, cinta, pendiente, mendigo
9. confesión, recital, confidencia, secreto
10. fascinado, embobado, acurrucado, arrobado, embelesado
11. amargado, descarado, taciturno, triste

B. Match the words and expressions in *Column A* with the definitions in *Column B*.

A	B
1. _____ marchito	a. persona que ha bebido
2. _____ zapatilla	mucho alcohol
3. _____ vagón-tranvía	b. tratar con cariño
4. _____ tormento	c. mujer que recita versos
5. _____ mimar	d. sepulcro o lugar donde
6. _____ poetisa	se encierran los
7. _____ pendientes	muertos
8. _____ confidencia	e. persona extravagante
9. _____ traje de gasa	f. vestido de bailarina
10. _____ borracho	g. departamento de ter-
11. _____ tumba	cera clase en un tren
12. _____ abalorio	h. sufrimiento
13. _____ estrafalario	i. entristecerse
14. _____ amargarse	j. adorno de poco valor
	k. adorno para las orejas
	l. confesión íntima
	m. zapato liviano que se
	usa para bailar
	n. que no tiene el vigor de
	la juventud

C. Write complete sentences of your own, using the following expressions.

1. dar pena
2. tener un arranque de furia
3. convertirse en
4. hacer confidencias
5. de ninguna manera

COGNATES AND WORD FORMATION

Guess the English cognates of the following words.

1. observar	8. adolescencia	15. figura
2. ondular	9. insinuar	16. curiosidad
3. ovación	10. brutal	17. oportunidad
4. plataforma	11. incomprensión	18. infinidad
5. glorioso	12. resistir	19. clase
6. inconveniente	13. entusiasmo	20. glorioso
7. curioso	14. sepulcro	

TAKE A GUESS

Which concepts do you associate with the following passages?

1. Pues, porque ahora mismo, al hablarle, me he dado cuenta de que tiene Ud. corazón y sentimiento y porque esto es mi confesión. Porque, como quien dice, no tengo con quien hablar.

2. Había olvidado aquel largo comedor con mesas de pino, donde había comido el pan de los pobres entre mendigos.

3. Se podía ver a la gente acurrucada en sus asientos duros. Era un incómodo vagón-tranvía, con el pasillo lleno de cajas y maletas.

4. El soldadito veía a una mujer mayor, flaca, marchita. Tenía el cabello oxigenado, el traje de color verde muy viejo. Llevaba zapatillas de baile color de plata y en el pelo una cinta plateada atada con un lacito.

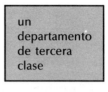

un departamento de tercera clase

un personaje estrafalario

una fonda pobre

hacer confidencias

Using Vocabulary in Context

Fill in the blanks with the appropriate words and expressions from the list below. Make sure the paragraph makes sense.

pendientes	verde	estrafalario
acurrucados	oxigenado	abalorios
embobado	como quien dice	vagón-tranvía
plateada	zapatillas de baile	marchito

La mujer sonrió. El joven la escuchaba _____ mientras que otros pasajeros dormían _____ en sus asientos en el _____ de tercera clase. Rosamunda era, sin duda, un personaje _____. Llevaba el cabello _____ adornado con una cinta _____. El vestido de gasa era de color _____ y los pies los tenía calzados con unas _____. Los _____ que adornaban sus orejas eran largos y baratos, así como los otros _____ y collares que adornaban su cuello _____. Era, _____, un personaje muy raro.

Rosamunda
CARMEN LAFORET

Estaba amaneciendo, al fin. El departamento de tercera clase olía
a cansancio, a tabaco y a botas de soldado. Ahora se salía de la
noche como de un gran túnel y se podía ver a la gente acurrucada,
dormidos hombres y mujeres en sus asientos duros. Era aquél
un incómodo vagón-tranvía, con el pasillo atestado de cestas y   5
maletas. Por las ventanillas se veía el campo y la raya plateada
del mar.

Rosamunda se despertó. Todavía se hizo una ilusión
placentera[1] al ver la luz entre sus pestañas semicerradas. Luego
comprobó que su cabeza colgaba hacia atrás,[2] apoyada en el res-   10
paldo del asiento y que tenía la boca seca de llevarla abierta. Se
rehizo, enderezándose.[3] Le dolía el cuello —su largo cuello marchito—. Echó una mirada a su alrededor[4] y se sintió aliviada al
ver que dormían sus compañeros de viaje. Sintió ganas de estirar
las piernas entumecidas—el tren traqueteaba, pitaba[5]—. Salió   15
con grandes precauciones, para no despertar, para no molestar,
«con pasos de hada»[6] —pensó—, hasta la plataforma.

El día era glorioso. Apenas se notaba el frío del amanecer.
Se veía el mar entre naranjos. Ella se quedó como hipnotizada
por el profundo verde de los árboles, por el claro horizonte de   20
agua.

—«Los odiados, odiados naranjos... Las odiadas palmeras...
El maravilloso mar... »

—¿Qué decía usted?

A su lado estaba un soldadillo. Un muchachito pálido. Parecía   25
bien educado. Se parecía a su hijo. A un hijo suyo que se había
muerto. No al que vivía; al que vivía, no, de ninguna manera.

—No sé si será usted capaz de entenderme —dijo, con cierta
altivez—. Estaba recordando unos versos míos. Pero si usted
quiere, no tengo inconveniente en recitar...   30

El muchacho estaba asombrado. Veía a una mujer ya mayor,

---

[1]**todavía... placentera** she still had a pleasant illusion   [2]**colgaba... atrás** was dan-
gling backward   [3]**se... enderezándose** she pulled herself together, straightening
up   [4]**echó... alrededor** she took a look around   [5]**traquetear y pitar** to rattle and
to whistle   [6]**pasos de hada** fairy steps

flaca, con profundas ojeras.[7] El cabello oxigenado, el traje de color verde, muy viejo. Los pies calzados en unas viejas zapatillas de baile... , sí, unas asombrosas zapatillas de baile, color de plata, y en el pelo una cinta plateada también, atada con un lacito...
5 Hacía mucho que él la observaba.

—¿Qué decide usted? —preguntó Rosamunda, impaciente—. ¿Le gusta o no oír recitar?

—Sí, a mí...

El muchacho no se reía porque le daba pena mirarla. Quizá
10 más tarde se reiría. Además, él tenía interés porque era joven, curioso. Había visto pocas cosas en su vida y deseaba conocer más. Aquello era una aventura. Miró a Rosamunda y la vio soñadora. Entornaba los ojos azules. Miraba al mar.

—¡Qué difícil es la vida!

15 Aquella mujer era asombrosa. Ahora había dicho esto con los ojos llenos de lágrimas.[8]

—Si usted supiera, joven... Si usted supiera lo que este amanecer significa para mí, me disculparía. Este correr hacia el Sur. Otra vez hacia el Sur... Otra vez a mi casa. Otra vez a sentir ese
20 ahogo de mi patio cerrado,[9] de la incomprensión de mi esposo... No se sonría usted, hijo mío; usted no sabe nada de lo que puede ser la vida de una mujer como yo. Este tormento infinito... Usted dirá que por qué le cuento todo esto, por qué tengo ganas de hacer confidencias, yo, que soy de naturaleza reservada... Pues,
25 porque ahora mismo, al hablarle, me he dado cuenta de que tiene usted corazón y sentimiento y porque esto es mi confesión. Porque, después de usted, me espera, como quien dice la tumba... El no poder hablar ya a ningún ser humano... , a ningún ser humano que me entienda.

30 Se calló, cansada, quizá, por un momento. El tren corría, corría... El aire se iba haciendo cálido, dorado. Amenazaba un día terrible de calor.

—Voy a empezar a usted mi historia, pues creo que le interesa... Sí. Figúrese usted una joven rubia, de grandes ojos azules,
35 una joven apasionada por el arte... De nombre, Rosamunda...

---

[7]**con... ojeras** with deep circles under her eyes [8]**llenos de lágrimas** full of tears [9]**ahogo... cerrado** suffocating atmosphere of my enclosed patio

Rosamunda, ¿ha oído?... Digo que si ha oído mi nombre y qué
le parece.

El soldado se ruborizó ante el tono imperioso.

—Me parece bien... bien.

—Rosamunda... —continuó ella, un poco vacilante.   5

Su verdadero nombre era Felisa; pero, no se sabe por qué,
lo aborrecía. En su interior siempre había sido Rosamunda, desde
los tiempos de su adolescencia. Aquel Rosamunda se había con-
vertido en la fórmula mágica que la salvaba de la estrechez[10] de
su casa, de la monotonía de sus horas; aquel Rosamunda convirtió   10
al novio zafio y colorado[11] en un príncipe de leyenda. Rosamunda
era para ella un nombre amado, de calidades exquisitas... Pero
¿para qué explicar al joven tantas cosas?

—Rosamunda tenía un gran talento dramático. Llegó a actuar con éxito brillante. Además, era poetisa. Tuvo ya cierta fama   15
desde su juventud... Imagínese, casi una niña, halagada, mimada
por la vida y, de pronto, una catástrofe... El amor... ¿Le he dicho
a usted que era ella famosa? Tenía dieciséis años apenas, pero
la rodeaban por todas partes los admiradores. En uno de los
recitales de poesía, vio al hombre que causó su ruina. A... A mi   20
marido, pues Rosamunda, como usted comprenderá, soy yo. Me
casé sin saber lo que hacía, con un hombre brutal, sórdido y
celoso. Me tuvo encerrada años y años. ¡Yo!... Aquella mariposa
de oro que era yo... ¿Entiende?

(Sí, se había casado, si no a los dieciséis años, a los veintitrés;   25
pero ¡al fin y al cabo!... Y era verdad que le había conocido un
día que recitó versos suyos en casa de una amiga. Él era carnicero.
Pero, a este muchacho, ¿se le podían contar las cosas así? Lo
cierto era aquel sufrimiento suyo, de tantos años. No había podido
ni recitar un solo verso, ni aludir a sus pasados éxitos —éxitos   30
quizás inventados, ya que no se acordaba bien; pero... —. Su
mismo hijo solía decirle que se volvería loca de pensar y llorar
tanto. Era peor esto que las palizas y los gritos de él cuando
llegaba borracho. No tuvo a nadie más que al hijo aquél, porque
las hijas fueron descaradas y necias, y se reían de ella, y el otro   35
hijo, igual que su marido, había intentado hasta encerrarla.)

---

[10]**estrechez** confinement   [11]**zafio y colorado** boorish and ruddy

—Tuve un hijo único. Un solo hijo. ¿Se da cuenta? Le puse[12] Florisel... Crecía delgadito, pálido, así como usted. Por eso quizá le cuento a usted estas cosas. Yo le contaba mi magnífica vida anterior. Sólo él sabía que conservaba un traje de gasa, todos mis
5 collares... Y él me escuchaba, me escuchaba... como usted ahora, embobado.

Rosamunda sonrió. Sí, el joven la escuchaba absorto.

—Este hijo se me murió. Yo no lo pude resistir... Él era lo único que me ataba a aquella casa. Tuve un arranque, cogí mis
10 maletas y me volví a la gran ciudad de mi juventud y de mis éxitos... ¡Ay! He pasado unos días maravillosos y tristes. Fui acogida con entusiasmo, aclamada de nuevo por el público, de nuevo adorada... ¿Comprende mi tragedia? Porque mi marido, al enterarse de esto, empezó a escribirme cartas tristes y desgarradoras:
15 no podía vivir sin mí. No puede, el pobre. Además es el padre de Florisel, y el recuerdo del hijo perdido estaba en el fondo de todos mis triunfos, amargándome.

El muchacho veía animarse por momentos a aquella figura flaca y estrafalaria que era la mujer. Habló mucho. Evocó un
20 hotel fantástico, el lujo derrochado en el teatro el día de su «reaparición»; evocó ovaciones delirantes y su propia figura, una figura de «sílfide[13] cansada», recibiéndolas.

—Y, sin embargo, ahora vuelvo a mi deber... Repartí mi fortuna entre los pobres y vuelvo al lado de mi marido como
25 quien va[14] a un sepulcro.

Rosamunda volvió a quedarse triste. Sus pendientes eran largos, baratos; la brisa los hacía ondular... Se sintió desdichada, muy «gran dama»... Había olvidado aquellos terribles días sin pan en la ciudad grande. Las burlas de sus amistades ante su traje
30 de gasa, sus abalorios y sus proyectos fantásticos. Había olvidado aquel largo comedor con mesas de pino cepillado, donde había comido el pan de los pobres entre mendigos de broncas toses.[15] Sus llantos, su terror en el absoluto desamparo[16] de tantas horas en que hasta los insultos de su marido había echado de menos.
35 Sus besos a aquella carta del marido en que, en su estilo tosco y

---

[12]**le puse** I named him [13]**sílfide** sylph, nymph [14]**como... va** like one who goes [15]**entre... toses** among beggars with hoarse coughs [16]**desamparo** helplessness

autoritario a la vez, recordando al hijo muerto, le pedía perdón y la perdonaba.

El soldado se quedó mirándola. ¡Qué tipo más raro, Dios mío! No cabía duda de que estaba loca la pobre... Ahora le sonreía... Le faltaban dos dientes. 5

El tren se iba deteniendo en una estación del camino. Era la hora del desayuno, de la fonda de la estación venía un olor apetitoso... Rosamunda miraba hacia los vendedores de rosquillas.[17]

—¿Me permite usted convidarla, señora? 10

En la mente del soldadito empezaba a insinuarse una divertida historia. ¿Y si contara a sus amigos que había encontrado en el tren una mujer estupenda y que... ?

—¿Convidarme? Muy bien, joven... Quizá sea la última persona que me convide... Y no me trate con tanto respeto, por 15 favor. Puede usted llamarme Rosamunda... no he de enfadarme por eso.[18]

POSTREADING ACTIVITIES

READING COMPREHENSION

A. Select the word or phrase that best completes each statement according to *Rosamunda*.

1. Rosamunda viajaba _____ de un tren.
   a) en un departamento de tercera clase
   b) en un gran túnel
   c) en un pasillo atestado de cestas y maletas

2. La gente en el vagón-tranvía _____
   a) viajaba muy cómodamente.
   b) viajaba acurrucada e incómoda.
   c) viajaba con ilusiones placenteras.

---

[17]**rosquilla** ring-shaped fritter [18]**no... eso** I will not get mad about that

   3. El soldadillo que viajaba con Rosamunda _____
      a) se parecía a su hijo Florisel.
      b) era alto y bien parecido.
      c) recitaba versos muy hermosos.
   4. El soldadillo pensaba que Rosamunda era _____
      a) una mujer muy hermosa.
      b) una madre triste.
      c) una mujer asombrosa.
   5. Rosamunda llevaba _____
      a) ropa muy fina.
      b) un traje muy viejo y abalorios.
      c) un vestido de fiesta rojo y zapatillas de baile.

B. Answer the following questions in Spanish based on the reading.

   1. ¿Dónde tiene lugar el cuento?
   2. ¿Cómo es el paisaje?
   3. ¿Cómo es el soldadillo? ¿Por qué se decide la mujer a hacerle confidencias?
   4. Describa a la mujer que habla con el soldadillo.
   5. ¿Qué le dice la mujer al soldadillo sobre su hogar y su familia? ¿Qué imagen usa para describir su hogar?
   6. ¿Cuál era el verdadero nombre de la mujer? ¿Por qué no le gustaba?
   7. ¿Qué nombre prefería? ¿Qué significado tenía para ella?
   8. ¿Le dice Rosamunda toda la verdad al joven? Dé ejemplos.
   9. ¿Qué gran talento tenía Rosamunda?
  10. ¿Cómo describe Rosamunda a su esposo?
  11. ¿Cuál fue la única persona que la comprendió?
  12. ¿Cómo eran los otros hijos de Rosamunda? ¿Qué hace ella después de la muerte de Florisel?
  13. Según Rosamunda, ¿cómo fue su vida en la «gran ciudad» de sus sueños? ¿Tuvo éxito? ¿Hizo fortuna?
  14 ¿Cómo fue en realidad su vida en la gran ciudad?
  15. ¿Por qué vuelve a su hogar?
  16. ¿Por qué invita el soldadillo a Rosamunda? ¿Qué piensa de ella?

STRUCTURES

A. If-clauses

When a clause introduced by **si** expresses something that is contrary-to-fact or a hypothetical situation, **si** is always followed by the imperfect subjunctive. In this case, the verb in the main clause is usually in the conditional.

Si ella **tuviera** dinero, se lo **daría** a los mendigos.
*If she **had** money, she **would give** it to the beggars.*

The expression **como si** (*as if, as though*) also introduces a contrary-to-fact situation, and is always followed by the imperfect subjunctive.

Rosamunda habla **como si fuera** una gran actriz.
*Rosamunda speaks **as though she were** a great actress.*

But, when an *if*-clause expresses a true or definite situation, **si** is always followed by a verb in the indicative mood.

Si el esposo le **escribe,** ella **regresa** a la casa.
*If her husband **writes** her, she **will return** home.*

Rewrite the following sentences, using the imperfect subjunctive or the present indicative tense of the verbs in parentheses.

1. Si Ud. (ser) _____ capaz de entenderme, no tengo inconveniente en recitar.
2. Si Ud. (saber) _____ lo que este amanecer significa para mí, me disculparía.
3. Si Rosamunda no (tener) _____ esposo e hijos, sería una actriz famosa.
4. Si mi esposo me (decir) _____ que no podía vivir sin mí, volvería a mi casa.
5. Si el soldadillo le (contar) _____ a sus amigos que había encontrado una mujer estupenda en el tren, ellos no le creerían.
6. Si ella (poder) _____ evitarlo, no viajaría en un departamento de tercera clase.
7. Si Ud. (querer) _____, la convido a comerse unas rosquillas.

B. *Reflexive Verbs*

Rewrite the following sentences, using the past tense of the reflexive verbs in parentheses.

1. Rosamunda (despertarse) _____ temprano.
2. Ella (rehacerse) _____ y (enderezarse) _____ en el asiento.
3. Tú (sentirse) _____ aliviada al ver que los otros pasajeros dormían.
4. Ellos (quedarse) _____ como hipnotizados por el profundo verde de los árboles.
5. El muchacho no (reírse) _____ porque le daba pena.
6. Su mismo hijo solía decir que ella (volverse) _____ loca de tanto pensar en el teatro.
7. Yo (volverse) _____ a la gran ciudad de mis sueños.
8. Cuando mi marido (enterarse) _____ de la verdad, me pidió que regresara a casa.
9. Nosotros (quedarse) _____ muy tristes.
10. Ellos (acurrucarse) _____ en el asiento.

C. *The Impersonal* se *Construction*

The reflexive pronoun **se** + *a verb* in the third-person singular is used to express an action in which the subject of the verb is highly indefinite. This pattern corresponds to the English *one, they, we, you* or *people*.

Se piensa que la vida es fácil.
People think that life is easy.

Rewrite the following sentences, using the **se** construction in the imperfect tense of the verbs indicated in parentheses.

1. Ahora (salirse) _____ del departamento de tercera clase.
2. (Poderse) _____ ver la gente acurrucada.
3. Por las ventanillas (verse) _____ el campo.
4. Apenas (notarse) _____ el frío del amanecer.
5. (Verse) _____ el mar entre los naranjos.
6. (Decirse) _____ que no tenía gran talento dramático.
7. No (saberse) _____ por qué aborrecía su nombre.
8. (Creerse) _____ que Rosamunda estaba un poco loca.

WRITING PRACTICE

Write a short essay describing Rosamunda's personality, using words and expressions from the Basic Vocabulary. Your composition will be evaluated for grammatical correctness and should be at least 120 words in length.

COMMUNICATIVE ACTIVITY

Prepare the following topic to discuss in class with two classmates. Once you have discussed it thoroughly, present a composite version of your analysis to the rest of the class.

Diferentes niveles de realidad. En el cuento vemos diferentes puntos de vista. Podemos saber lo que piensan Rosamunda, el soldadillo y un narrador omnisciente que a menudo hace comentarios. Con esto en mente, discuta: 1) el punto de vista del soldadillo; 2) la fantasía de Rosamunda y la realidad de su vida; 3) los comentarios del narrador omnisciente. ¿Cómo se complementan estas visiones? ¿Cómo se contradicen? ¿Cuál es el efecto total? Ilustre sus comentarios con pasajes tomados del texto.

REVIEW EXERCISES

A. Read the following descriptions and determine where they take place. Justify your answers in Spanish.

1. Le había lavado los pies después de la misa. El miserable brujo no tuvo más remedio que creer en el único Dios verdadero.

2. Cuando no pudo abrir la escotilla se dio cuenta de que tampoco podría bajar la escala de acceso. Marcó nuevamente el código en la computadora, pero la luz roja le indicó lo fútil de su intento.

3. La música que atronaba del tocadiscos me taladraba el cráneo. Era inconcebible que los jóvenes vinieran a divertirse a un lugar como éste. Cerca de la puerta estaban sentados un soldadillo y una rubia oxigenada, descarada y necia de grandes ojos azules. Quería tomarme otro coñac, pero el mozo no me atendía.

4. Me dolían las piernas de tenerlas tanto tiempo en la misma posición. Intenté estirarlas pero no pude hacerlo debido a la gran cantidad de cestos que había en el pasillo. Las ventanillas estaban sucias y me fue imposible ver a los policías que me habían venido a recibir.

5. Levantó la argolla y descendió cuidadosamente por una escalera oscura y misteriosa que traqueteaba a sus pasos. Al pie de la escalera distinguió un cuarto espacioso atestado de libros y de instrumentos. Era aquí donde ella practicaba sus experimentos mágicos.

B. After reviewing the vocabulary and grammar covered in Part Four, give the English equivalent of the following sentences.

1. La nave se posó con suavidad poderosa.
2. Caminó sin titubear por el pasillo del vagón.
3. Al pie de la nave se encontró con un ser hostil y armado.
4. El corazón le latía al galope.
5. Le señaló un alojamiento muy fresco y le dijo que estaba muy contento con su visita.
6. Los dos escuderos se arrojaron a sus pies y le besaron las manos.
7. No tuvo más remedio que asentir.
8. El deán le rogó que le enseñara su magia.
9. Al fin y al cabo, algún día lo aprenderán.
10. Si ella pudiera evitarlo, no viajaría en un departamento de tercera clase.
11. Ella llevaba un vestido sucio, abalorios y zapatillas de baile.
12. Por la ventanilla se veía el campo verde.
13. Volvió a quedarse triste y desdichada recordando a su hijo.
14. Se negó a darle parte de las rosquillas que tenía en la cesta.
15. Espero que le guste lo que ha leído en este libro.

VOCABULARY

—•⊰◆⊱•—

This vocabulary contains the basic words used in this text. Irregular verb forms that might pose some difficulty, all idioms used in the text, and all proper names are included.

Abbreviations used: *adj.* adjective; *adv.* adverb; *conj.* conjunction; *dir. obj.* direct object; *f.* feminine; *f. sing.* feminine singular; *f. pl.* feminine plural; *fam. pl.* familiar plural; *fam. sing.* familiar singular; *imp.* imperfect; *ind.* indicative; *indir. obj.* indirect object; *inf.* infinitive; *interj.* interjection; *m.* masculine; *m. pl.* masculine plural; *m. sing.* masculine singular; *n.* noun; *obj. of prep.* object of preposition; *pl.* plural; *prep.* preposition; *pres. ind.* present indicative; *pres. part.* present participle; *pres. subjunc.* present subjunctive; *pret.* preterit; *pron.* pronoun; *refl. pron.* reflexive pronoun; *subj.* subject; *subj. pron.* subject pronoun.

a to; at; for; from; at a distance of; **a casa** home; **a menos que** unless; **a eso de** at around (*time of day*); **a tiempo** on time; **a través de** by means of; **a veces** at times, sometimes; **A ver.** Let's see.

el **abalorio** bead necklace; showy article of little value

abandonar to abandon

abierto(a) open

el, la **abogado/a** lawyer

aborrecer to hate, to abhor

abrazar to hug, to embrace

el **abrazo** hug, embrace

el **abrigo** overcoat; **Ponte el abrigo.** Put on your coat.

abril April

abrir to open

absorto(a) absorbed, engrossed

abstracto(a) abstract

el, la **abuelo/a** grandfather; grandmother; (*pl.*) grandparents

abundante plentiful; large

aburrido(a) bored; boring

aburrirse to get bored

acá   here
acabar   to finish, to end;
   acabar de (+ *inf.*) to
   have just (*done something*)
acariciador(a)   caressing
acaso   perhaps, maybe
acceder   to accede, to
   agree
el **accidente**   accident
la **acción**   action
aceptar   to accept
acercar   to bring near
aclamar   to acclaim
acogedor   warm,
   appealing
acompañar   to
   accompany, to go with
la **aconitina**   aconitine
el **acontecimiento**   event,
   incident
acostar (>**ue**)   to put to
   bed; **acostarse** to go to
   bed
acostumbrarse (a)   to get
   used (to), to become
   accustomed (to)
la **actividad**   activity
activo(a)   active
el **acto**   act
el **actor**   actor
la **actriz**   actress
actual   of the present
actualmente   presently
acuático(a)   aquatic, water
el **acuerdo**   agreement; **de**
   acuerdo agreed, all
   right, okay; **de acuerdo**
   con in agreement with;
   estar (ponerse) de
   acuerdo (con) to agree
   (with)
acurrucado(a)   curled up
el **ademán**   expression, look;

gesture, movement (*of*
   the hands)
además   besides,
   moreover; **además de** in
   addition to
adentro   inside
adicto(a)   addicted
adiós   good-bye
adivinar   to guess
el, la **admirador/a**   admirer
admirar   to admire
la **adolescencia**   adolescence
adonde   (to) where,
   wherever
¿adónde?   (to) where?
adornar   to adorn, to
   decorate
el **adorno**   decoration
la **aduana**   customs, customs
   house
adueñarse   to take
   possession of
el, la **adulto/a**   adult
advertir   to notice, to
   advise, to inform
el **aeropuerto**   airport
afectar   to affect
afeitar(se)   to shave
el, la **aficionado/a**   fan
afuera   outside
agacharse   to stoop
agarrar   to grab
la **agencia**   agency; **agencia**
   de viajes travel agency
el, la **agente**   agent; **agente de**
   viajes travel agent
agónico(a)   moribund,
   dying
agosto   August
agradable   (*adj.*) pleasant
agradecer (>**zc**)   to thank
agregar   to add
la **agricultura**   agriculture

el **agua** (*f.*) water
el **aguamanil** washstand
aguantar to put up with
ahí there
ahogado(a) drowned
el **ahogo** breathing trouble;
distress
ahora now; **ahora mismo**
right now; **por ahora**
for now
ahorrar to save (*time,
money, etc.*)
el **ahorro** saving
el **aire** air; look,
appearance; **aire de
familia** family likeness
¡ajá! aha!
el **ajedrez** chess
al (*contr. of* **a** + **el**); **al** +
inf. on, upon . . . -ing;
al (+ *time expression*)
per; **¡Al contrario!** On
the contrary!
el **ala** (*f.*) wing
alargar to lengthen
el **alcalde** mayor
alcanzar to reach; to
catch up
la **alcoba** bedroom
la **aldea** village
alegrarse (de) to be glad,
happy (to)
alegre (*adj.*) happy
alegremente happily
la **alegría** joy, happiness
alejar(se) to move away
la **alfombra** rug, carpet
algo something, anything;
¿Algo más? Anything
else?
alguien somebody,
someone
algún, alguno(a) some,

any; some sort of; (*pl.*)
some, a few; some
people; **alguna vez** ever,
at some time; **¿Alguna
buena acción?** Some
good deed?
alimentar to feed
el **alimento** food
aliviado(a) relieved
aliviar to give relief
el **alivio** relief
el **alma** (*f.*) soul
el **almacén** store
el **almacenero** storekeeper
el **almendro** almond tree
el **almíbar** syrup
almorzar (>**ue**) to have
lunch
el **almuerzo** lunch (*the main
meal in most Hispanic
countries*)
aló hello
el **alojamiento**
accommodation, lodging
alquilar to rent
el **alquiler** rent
alrededor de around
la **altivez** arrogance
alto(a) high; tall; upper;
loud; **clase alta** upper
class; **en voz alta** out
loud
aludir to allude
alumbrar to illuminate,
to light up
allá there
allí there
la **amabilidad** kindness
amable kind, nice
el **amanecer** dawn, daybreak
el, la **amante** lover; mistress
amar to love
amargar to embitter

amargo(a) bitter
amarillo(a) yellow
ambicionar to aspire to; to seek
el **ambiente** atmosphere
amenazar to threaten
el, la **amigo/a** friend
la **amistad** friendship
el, la **amo/a** boss
el **amor** love
el **amorío** affair
anaranjado(a) *(adj.)* orange
andar to walk; to go about; to run, to work; **andar en bicicleta** to ride a bicycle
el **ángel** angel
la **angustia** anguish
el **anillo** ring
el **animal** animal
animar to encourage
el **aniversario** anniversary
anoche last night
el **anochecer** nightfall
anonadar to overwhelm
la **anotación** note; jotting down
anotar to make a note of; to put down
ansiar to long for, to yearn for
ansioso(a) anxious, nervous
el **anteojo** telescope; *(pl.)* eyeglasses
el, la **antepasado/a** ancestor
anterior *(adj.)* former; previous; **anterior a** before; **muy anterior a** much earlier than
antes before; first; **antes de** before; **antes (de) que** before

antiguo(a) antique, old, ancient; *(before a noun)* former
la **antropología** anthropology
el, la **antropólogo/a** anthropologist
anunciar to announce
el **año** year; **a tus años** at your age; **Año Nuevo** New Year's; **el año que viene** next year; **tener... años** to be ... years old; **todos los años** every year
apagar to turn off
aparentemente apparently
el **apartamento** apartment
apartar to take away, to move away; to remove
apenas as soon as; hardly
el **apetito** appetite
apetitoso(a) appetizing, savory, palatable
aplaudir to applaud, to clap
aplicarse to apply oneself, to work hard
apoyar to support, to hold up
el **apoyo** support
aprender (a) to learn (to)
apresurarse to hurry up
apretar (>ie) to squeeze
aproximadamente approximately
el **apunte** note; **tomar apuntes** to take notes
apurado(a) hurried
aquel, aquella *(adj.)* that; **aquél, aquélla** *(pron.)* that (one)
aquello *(pron.)* that

aquellos, aquellas (*adj.*) those; **aquéllos, aquéllas** (*pron.*) those

aquí here; **por aquí** this way, over here, around here

árabe Arab; Arabic

el **árbol** tree

el **arco** arch; bow

arder to burn

el **ardor** burning sensation

la **arena** sand; **arena fina** fine sand

argentino Argentine, Argentinian

la **argolla** ring; **argolla de hierro** iron ring

el **arma** (*f.*) arm, weapon

el, la **arquitecto** architect

la **arquitectura** architecture

arraigado(a) deep-rooted

arrancar to yank

el **arranque** fit

arrebatar to snatch

arreglar to fix, to arrange, to get in order; **arreglarse** to be okay, to turn out all right

arriba (de) above, over

arrobado(a) fascinated

arrojar to throw; **arrojarse** to throw oneself; **arrojarse a los pies** to throw oneself at someone's feet

el **arroyo** stream; **al borde de un arroyo** on the bank of a stream

el **arroz** rice

el **arte** (*pl.* **las artes**) art; **bellas artes** fine arts; **obra de arte** work of art

la **articulación** joint

el **artículo** article

el, la **artista** artist; actor; actress

artístico(a) artistic

el **arzobispado** archbishopric

el **arzobispo** archbishop

asar to roast

asegurar to reassure

asentir (>**ie**) to agree

el, la **asesino/a** killer, assassin

así thus, so, in this way, like that; **Así es.** That's right. That's the way it is; **Así es** (+ *n.*) That's . . . ; **así que** so

el **asiento** seat

asistir (a) to attend

asociar to associate

asomarse to lean out

asombrador(a) amazing, stupefying

asombrar(se) to surprise

el **aspecto** aspect; appearance

la **aspirina** aspirin

el **asunto** matter; business

asustado(a) frightened, startled

asustar to frighten, to alarm

atacar to attack

atar to tie

atender (>**ie**) to attend to; **atender el teléfono** to answer the phone

aterrar to terrify

aterrizar to land

atinar to hit upon; **atinar a** to succeed in

el, la **atleta** athlete

atónito(a) astonished, amazed

atraer to attract, to lure

atrapar to catch, to trap

atrás behind
atreverse to dare
el **atrevimiento** boldness, daring; **¡Qué atrevimiento!** What audacity!
atronar (>ue) to boom
aumentar to gain (*weight*), to increase
aún even, still
aunque although, even though; **aunque sea uno(a)** even one
la **ausencia** absence
auténtico(a) authentic, genuine
el **auto** auto, car; **en auto** by car
el **autobús** bus; **en autobús** by bus
el **automóvil** automobile
el, la **autor/a** author
avanzar to advance
el **ave** bird
la **avellana** hazelnut
la **avenida** avenue
la **aventura** adventure
avergonzado(a) embarrassed, ashamed
el **avión** airplane; **en avión** by plane
avisar to warn
la **avispa** wasp
¡Ay! Oh!
ayer yesterday
la **ayuda** help
ayudar (a) to help (to), to assist; **me gustaría mucho ayudarla** I would like very much to help you (*f.*)
el **azar** chance; **al azar** at random

azorado(a) terrified
azotar to beat
la **azotea** flat roof
el, la **azúcar** sugar
azucarado(a) sugary
azul (*adj.*) blue

bailar to dance
el **baile** dance
bajar (de) to get off
bajo(a) low, short; (*prep.*) under; (*adv.*) beneath, under
balancearse to sway
el **balcón** balcony
la **baldosa** tile
el **banco** bench, bank
la **bandeja** tray
la **bandera** flag
el, la **bandido/a** bandit
bañar(se) to take a bath; to bathe (oneself)
el **baño** bath; bathroom; **cuarto de baño** bathroom
barato(a) inexpensive, cheap
la **barba** beard
la **barbaridad** barbarism; **¡Qué barbaridad!** Good Lord!
el **barco** ship, boat
el **barrio** neighborhood, district, community
la **base** base
básicamente basically
básico(a) basic
¡Basta! That's enough!
bastante (*adj.*) enough; quite a bit; (*adv.*) rather, quite

bastar(se) to be sufficient for oneself

la **basura** garbage, trash; **el canasto de basura** wastebasket

beber to drink

la **bebida** drink, beverage

el, la **bellaco/a** deceitful; sly, cunning; rogue

la **belleza** beauty

bello(a) beautiful; **bellísimo** very beautiful

besar to kiss; **besarse** to kiss each other

el **beso** kiss

la **biblioteca** library

la **bicicleta** bicycle; **en bicicleta** by bicycle

el **bicho** bug

el **bien** good

bien well, fine, alright, okay; good; **¡Qué bien! Great!**; **bien educado** well-mannered

la **bienvenida** welcome; **dar la bienvenida** to welcome

bienvenido(a) welcome

el **bigote** moustache

el **billete** bill; ticket

la **billetera** billfold

la **bioquímica** biochemistry

blanco(a) white; Caucasian

blanquear to whiten

la **blusa** blouse

la **boca** mouth

la **boda** wedding

el **boleto** ticket

la **bolsa** purse; bag

el **bolsillo** pocket

el **bolso** purse

el **bombero** fireman

la **bondad** kindness

bonito(a) pretty

el **borde** edge; **al borde del colapso** on the edge of collapse

borracho(a) drunk

borrar to erase

el **borrego** lamb

la **bota** leather wine bag; boot

el **brazo** arm

breve (*adj.*) brief, short

brillante (*adj.*) brilliant, bright; **brillantísimo(a)** very bright

el **brillo** sparkle; brightness

brindar to toast

la **brisa** breeze

la **broma** prank

bromear to joke

bronco(a) rough, coarse

el, la **brujo/a** sorcerer, witch

brusco(a) abrupt, brusque; **bruscamente** abruptly

el, la **bruto/a** brute; ignoramus

el **buche** mouthful (*liquid*); **hacer buches** to gargle

buen, bueno good, kind; well, okay, all right; **Buenas noches.** Good evening. Good night.; **Buenas tardes.** Good afternoon. Good evening.; **Buenos días.** Good morning. Good day.; **¡Buen viaje!** Have a good trip!; **Muy buenas.** Good afternoon. Good evening.; **¡Qué bueno!** Great! How nice!

bufo(a) comic

la **burla** gibe, jeer;

haciéndoles burla
making fun of them
burlarse to make fun of
el **burro** donkey
buscar to look (for), to
search

el **caballete** roof ridge
el **cabello** hair
la **cabeza** head; **el dolor de
cabeza** headache
el **cabo** end, stub, stump; **al
cabo de** after, in
la **cacerola** pot
cada (*adj.*) each, every;
cada día más more
every day; **cada ves más**
more and more
caer(se) to fall, to fall
down; **caerse de bruces**
to fall flat on one's face;
dejarse caer to plop
down
el **café** coffee, café; **café
con leche** coffee
prepared with hot milk
la **cafetería** cafeteria
la **caja** case, box
la **calabaza** pumpkin
el **calendario** calendar
la **calidad** quality
cálido(a) warm
calmar to calm; **calmarse**
to calm oneself;
¡Cálmate! Calm down!
Relax!
el **calor** heat, warmth;
hacer calor to be hot
(*weather*); **¡Qué calor!** It
sure is hot!; **tener calor**
to be (feel) hot

el **calorcillo** heat; warmth
calzar to wear shoes; to
put one's shoes on
la **calle** street
el **callejón** alleyway
la **cama** bed; **el coche-cama**
Pullman (*sleeping car*)
la **cámara** camara
el, la **camarero/a** waiter,
waitress
cambiar to change; to
exchange
el **cambio** change; **en
cambio** on the other
hand
caminar to walk
el **camino** road, way; **el
camino de** the road to;
por este camino on this
street
la **camisa** shirt
el **campo** country,
countryside
el **canario** canary
el, la **canasto/a** basket; **canasto
de papeles** wastebasket
el **cancel** screen
la **canción** song
el **candelabro** candelabra
el, la **candidato/a** candidate
cansado(a) tired
el **cansancio** tiredness,
weariness
cantar to sing
capaz (*adj.*) capable
el **capelo** cardinal's hat
la **capital** capital
el **capítulo** chapter
la **cara** face; **cara larga**
long face
el **carácter** character
¡Caramba! Wow! Good
grief! Goodness me!
la **cárcel** jail

el **cardenalato** cardinalship
el **(Mar) Caribe** Caribbean
(Sea)
cariñoso(a) loving, tender
la **carne** meat
el, la **carnicero/a** butcher
caro(a) expensive
la **carrera** race; **carrera de
caballos** horse race
la **carta** letter; playing card
el **cartón** cardboard
el **cartucho** cartridge
la **casa** house, home; **en
casa** at home; **en casa
de** at (_someone's_) house
casarse (con) to marry, to
get married (to)
casi almost
el **caso** case; **en caso (de)
que** in case (of)
la **casualidad** coincidence,
chance; **por casualidad**
by coincidence
la **catedral** cathedral
católico(a) Catholic
catorce fourteen
la **causa** cause; **a causa de**
because of
causar to cause
cauteloso(a) cautious
cedar to give away
la **celda** cell
la **celebración** celebration
celebrar to celebrate;
celebrarse to be
celebrated; to take place
los **celos** jealousy; **tener
celos de** to be jealous of
la **cena** dinner
cenar to dine, to have
dinner
la **ceniza** ash
el **centavo** cent
centellear to sparkle

central central, main; **la
América Central**
Central America
el **centro** center; downtown
cerca near, nearby; **cerca
de** near, close to
el **cerebro** brain
la **ceremonia** ceremony
cerrado(a) closed
cerrar (>ie) to close
la **cerveza** beer
ciego(a) blind
el **cielo** sky, heaven
el **cielorraso** ceiling
cien, ciento one
hundred; **por ciento**
percent
la **ciencia** science; **a ciencia
cierta** to know for
certain
la **ciencia-ficción** science
fiction
el **cieno** mud
el, la **científico/a** scientist
cierto(a) true, right,
correct; (a) certain
la **cigarra** cicada
el **cigarrillo** cigarette
el **cigarro** cigar
cinco five
cincuenta fifty
el **cine** movies; movie
theater
la **cintura** waistline
la **cita** date, appointment;
tener una cita to have a
date
citar to arrange to meet,
to make an appointment
with
la **ciudad** city
el, la **ciudadano/a** citizen
la **civilización** civilization
civilizado(a) civilized

claramente (*adv.*) clearly
la **clarividencia** clairvoyance
claro(a) clear; **Claro.** Of
course.; **Claro que...** Of
course . . .; **claro de la
selva** clearing in the
jungle
la **clase** class; kind; **clase
alta** upper class; **clase
media** middle class; **(de)
toda clase** (of) every
kind
clásico(a) classical
el, la **cliente/a** customer
el **clima** climate
el **club** club
el **cobayo** guinea pig
cocer to cook
la **cocina** kitchen
cocinar to cook
el **coctel** cocktail
el **coche** car
el **coche-cama** sleeping car
la **codicia** covetousness,
greed
coger to pick up
el **cohete** firework
la **coincidencia** coincidence
la **cola** tail
el **colapso** collapse
la **colección** collection
colgar (>**ue**) to hang;
colgar el teléfono to
hang up the phone
colombiano(a) Colombian
la **colonia** colony
la **colonización** colonization
el **color** color; ¿**de qué
color es...** ? What color
is . . . ?; **el color claro le
sentaría** light colors
would look good on you
colorado(a) red; ruddy

colosal colossal
la **columna** column
el **collar** necklace
la **combinación** combination
el **comedor** dining room
comentar to comment
comer to eat
comercial (*adj.*)
commercial
el, la **comerciante**
businessperson
el **comercio** business
los **comestibles** groceries
cómico(a) (*adj.*) funny
la **comida** food; meal;
dinner
como (*adv.*) as; like, such
as; how; (*conj.*) since, as
long as; **cómo** how (to);
como si as if; **tan...
como** as . . . as; **tanto...
como** as much . . . as
¿**cómo?** (¡**cómo!**) how?
(how!); what? what did
you say? what is it?;
¿**Cómo es (son)...** ?
What is (are) . . . ?
¡**Cómo no!** Of course!;
¿**Cómo se llama` usted?**
What is your name?
cómodo(a) comfortable
(*said of things*)
el **compadre** godfather of
one's child, close friend
el, la **compañero/a** companion;
compañero de clase
classmate; **compañero de
cuarto** roommate
la **compañía** company
complacer to please
completamente completely
completo(a) complete
la **composición** composition

la **compra** buy, purchase; **ir de compras** to go shopping

comprar to buy

comprender to understand; **como dándole a comprender** as though explaining to him

comprometedor(a) incriminating

común common, usual, ordinary; **en común** in common

la **comunicación** communication

con with; **con cuidado** carefully; **con el nombre de** by the name of; **con tal de que** provided that

el **concepto** concept

el **concierto** concert

la **condición** condition; circumstance; **condiciones físicas** physical condition

conducir (>zc) to drive

el, la **conductor/a** driver

el **conejo** rabbit

la **conferencia** conference; lecture

la **confidencia** secret; **hacer confidencias** to confide in someone

la **confusión** confusion

conmigo with me

conocer (>zc) to know, to be acquainted with; to meet, to get acquainted with

conocido(a) known, well-known; **más conocido** better known

la **conquista** conquest

el, la **conquistador/a** conqueror, Spanish conquistador

conquistar to conquer

el **consejo** advice

conservar to conserve

considerar to consider

consigo with him, with her, with you, with them

construido(a) built, constructed

construir to build, to construct

el **consuelo** consolation; joy, comfort

consultar to consult

la **contaminación** pollution

contaminado(a) polluted

contar (>ue) to tell, to relate

contento (a) happy, content, pleased

contestar to answer

contigo with you (*fam. sing.*)

el **continente** continent

contra against

la **contradicción** contradiction

contrariar to annoy, to upset

contrario(a) opposite; **¡Al contrario!** On the contrary!

la **contribución** contribution

contribuir to contribute

el **control** control; **control de la natalidad** birth control

controlar to control

convencer to convince

la **conversación**
conversation
conversar to converse, to
chat
convertir(se) (>ie) to become
convidar to invite
el **coñac** brandy, cognac
cooperar to cooperate
la **copa** cup; **tomar una
copa** to have a drink
coquetear to flirt
el **corazón** heart; **de todo
corazón** wholeheartedly;
el corazón al galope
with his/her heart
pounding; **me hizo
saltar el corazón** he/she
made my heart skip a
beat
la **corbata** tie
la **cordal** wisdom tooth
cordero lamb; **tan suave
como un cordero** as
gentle as a lamb
la **corona** crown
correctamente correctly
correcto(a) right, correct
el **correo** mail; post office;
correo aéreo air mail
correr to run
corresponder a to
correspond to
corriente ordinary,
regular, commonplace;
llevar la corriente to go
along with
cortar to cut; **corta**
hangs up (*the phone*)
cortés (*adj.*) polite
corto(a) short, brief
la **cosa** thing
coser to sew
los **cosméticos** cosmetics

la **costa** coast
el **costado** side; **de costado**
on one's side
Costanera Avenue in
Buenos Aires, Argentina
costar (>ue) to cost
la **costumbre** custom, habit;
es costumbre it's the
custom; **como de
costumbre** as usual
la **coyuntura** joint
crear to create
crecer (zc) to grow
el **crédito** credit
creer to believe, to think;
Creo que sí. I think so.;
¡Ya lo creo! That's for
sure!
el, la **criado/a** servant
el **crimen** (*pl.* **los crímenes**)
crime
el, la **criminal** criminal
criticar to criticize
el **crujido** crack
la **cruz** cross
cruzar to cross
el **cuaderno** notebook
la **cuadra** city block
el **cuadro** picture, painting
¿cuál? ¿cuáles? which?
which one(s)? what?
la **cualidad** quality,
characteristic
cualquier, cualquiera any
cuando when, whenever
¿cuándo? when?
cuanto, en cuanto as
soon as; **unos cuantos** a
few
¿cuánto? how much? **¿A
cuánto están... ?** How
much are . . . ?; **¿(Por)
cuánto tiempo?** How

long?; **¿Cuánto tiempo
hace que... ?** For how
long . . . ?
¿cuántos? how many?;
¿Cuántos años tiene... ?
How old is . . . ?
cuarenta forty
el **cuarto** room; quarter;
(*adj.*) fourth; quarter; **las
seis y cuarto** 6:15
cubierto(a) (de) covered
(with, by)
cubrir to cover
el **cuello** neck; collar
la **cuenta** check; **pasar la
cuenta** to send the bill
el **cuentagotas** dropper
el **cuento** story
la **cuerda** rope
el **cuero** hide, skin
el **cuerpo** body
la **cuestión** question, issue
el **cuidado** care; **con
cuidado** carefully;
¡Cuidado! Beware!;
¡Cuidado (con...)! Look
out (for . . .)!; **no hay
cuidado** there's no cause
for concern; **tener
cuidado (con)** to be
careful (of, about)
cuidar to take care of;
cuidarse to take care of
oneself
la **culpa** fault, blame
culto(a) educated
la **cultura** culture
el **cumpleaños** birthday
la **cuna** cradle; **le falta cuna**
he/she lacks lineage
el, la **cuñado/a** brother-in-law;
sister-in-law
la **cura** cure

curar to cure, to heal
curiosear to nose about
curioso(a) curious
el **curso** course
cuyo(a) (*rel. poss. adj.*)
whose

la **champaña** champagne
chapotear to splash
Chapultepec suburb
southwest of Mexico
City, site of a palace and
park
el **cheque** check; **cheque de
viajero** traveler's check
el, la **chico/a** boy, guy; girl;
(*pl.*) kids
el **chinchorro** Indian
hammock, net
la **chispa** spark
¡Chist! Ssh! Hush!
el **chiste** joke
chocar to hit; to run into
el **chocolate** chocolate
la **choza** hut

la **dama** lady; queen (*in
chess*)
dar to give; **dar a** to
face; **dar las gracias** to
thank; **dar un paseo** to
take a walk; **dar pena** to
feel sorry; **darse cuenta
de** to realize; **darse por
vencido** to give up;
darse prisa to be in a
hurry
de of; from; about; in
(*after a superlative*); by;

made of; as; with; **de nada** you're welcome; **de veras** really; **más de** more than (*before a number*)

el **deán** Déan, presiding official of a cathedral

debatirse to struggle; **debatiéndose** struggling

deber must, have to, ought to, should; to be supposed to; to owe (*duty*)

los **deberes** homework

débil (*adj.*) weak

el **decanazgo** deanship

decente decent, decent-looking

decidido(a) determined, resolute

decidir to decide

decir (>i) to say, to tell; **¿Cómo se dice... ?** How does one say . . . ?; **¡No me digas!** You don't say!; **querer decir** to mean

decorar to decorate

dedicar to dedicate; **dedicarse(a)** to devote oneself to

defectuoso(a) faulty

defender (>ie) to defend

la **defunción** demise; **certificado de defunción** death certificate

dejar to leave, to let, to allow; **dejar de** to stop, to cease

del *contr. of* **de** + **el**

delgado(a) thin, slender

delicado(a) delicate

delicioso(a) delicious

demás (*adj. pron*) other,

rest of the; **todo lo demás** everything else; **por lo demás** furthermore

demasiado(a) too, too much; (*pl.*) too many

el **demonio** demon, devil; **¡Demonios!** Hell!

demostrar to show, to prove; to demonstrate

la **dentadura** denture

el, la **dentista** dentist

dentro de in, within, inside (of)

el **departamento** compartment

el, la **dependiente** salesperson

el **deporte** sport; **practicar un deporte** to go in for a sport

deportivo(a) (*related to*) sports

deprimido(a) depressed

la **derecha** right; **a la derecha** to (on) the right

el **derecho** right, privilege; (*adj.*) straight

derivar to derive

derramar to spill, to scatter

derrochado(a) squandered

el **desamparo** helplessness

desanimar(se) to be discouraged

desayunar to have (for) breakfast

el **desayuno** breakfast

descansar to rest

descarado(a) impudent

descender (>ie) to descend, to go down; **desciende el telón** the

curtain falls
el, la descendiente
descendant
desconfiar to distrust
el, la desconforme
nonconformist
el, la desconocido/a
stranger
descortés (*adj.*)
discourteous, impolite
describir to describe
descubrir to discover
desde from; since;
¿desde cuándo? how
long? since when?;
desde hace (hacía) for;
desde hace años for
years; **desde... hasta**
from . . . to
el **desdén** contempt, disdain
desear to wish (for), to
want, to desire
el **desempleo**
unemployment
desenfrenado/a unbridled
desenvainar to unsheath
el **deseo** wish
el **desfile** parade
desgarrador(a) heartrending,
heartbreaking
deshacer(se) to get rid of
(*someone or something*)
el **desierto** desert; (*adj.*)
desert
desilusionado(a)
disappointed
deslizarse to slide oneself
despacio slowly
despachar to dismiss
la **despedida** farewell, leave-
taking
despedir (>i) to see out
despertar (>ie) to wake
(*someone*); **despertarse**

to wake up
despierto(a) awake, alert
despojar to strip; to take
away
despreciar to look down
on, to scorn
después afterwards, then,
later; **después de** after;
después (de) que after;
poco después a short
time after(wards)
destellar to sparkle
destemplado(a) shrill
el, la **detective** detective
detener (>g, ie) to hold
back, to stop
determinar to determine;
había determinado he
had decided
detrás de behind
la **deuda** debt
devolver (>ue) to give
back, to return
devoto(a) devout
el **día** day; **al día** per day;
al otro día the next day;
Buenos días. Good
morning. Good day.;
cada día más more
every day; **de día** by
day; **día de fiesta**
holiday; día de semana
weekday; **hoy día**
nowadays; **todos los días**
every day
el, la **diablo/a** devil
el **diálogo** dialogue
diario(a) daily; **el diario**
newspaper
el **diccionario** dictionary
diciembre December
el, la **dictador/a** dictator
la **dictadura** dictatorship
dichoso(a) happy,

content; **¡Ese dichoso veneno!** that blasted poison!

el **diente** tooth

la **diferencia** difference

diferente (*adj.*) different (from)

difícil (*adj.*) hard, difficult

la **dificultad** difficulty

el **dinero** money

el **dios** god; **Dios** God; **¡Dios mío!** My goodness! Good grief!

la **diplomacia** diplomacy

la **dirección** direction; address

directamente directly

directo(a) direct

dirigir(se) (a) to address, to speak to; to go towards

la **disciplina** discipline

la **discriminación** discrimination

la **disculpa** apology

disculpar(se) to apologize

el **discurso** speech

la **discusión** discussion

discutir to discuss, to debate

el **disparo** shot

disponer (>g) to get ready; **disponerse a** to prepare to

la **distinción** distinction

distinto(a) different

distraído(a) absent-minded

divertir (>ie) to amuse, to entertain; **divertirse (>ie)** to have a good time, to enjoy oneself

divorciarse to get divorced

el **divorcio** divorce

doblar to turn

doble (*adj.*) double

doce twelve

la **docena** dozen

el, la **doctor/a** doctor

doctorar to get a doctorate

el **dólar** dollar

la **dolencia** ailment

doler (>ue) to ache, to hurt

el **dolor** pain, ache; suffering; sorrow; **dolor de cabeza** headache; **dolor de estómago** stomachache

dolorido(a) aching

dominador(a) dominating

domingo Sunday

don, doña titles of respect or affection used before a first name

donde where, wherever

¿dónde? where?

dorado(a) golden

dormido(a) asleep

dormir (>ue) to sleep; **dormir la siesta** to take a nap after lunch

el **dormitorio** bedroom

dos two

dotado(a) de endowed with

el **drama** drama

dramático(a) dramatic

la **droga** drug

la **duda** doubt; **sin duda** undoubtedly, without a doubt

dudar to doubt; **no se**

duda one does not doubt

el, la **dueño/a** owner, master; mistress

dulce (*adj.*) sweet

durante during; for

durar to last

e and (*replaces* **y** *before words beginning with* **i** *or* **hi**)

la **economía** economy; economics

económico(a) economic

echar to throw; **echar a volar** to take flight, to fly away; **echar una mirada** to look around

la **edad** age; **¿Qué edad tiene...?** How old is...?

el **edificio** building

la **educación** education; upbringing

el **efecto** effect

eficaz efficient

el **egoísmo** selfishness, egotism

egoísta selfish

el **eje** shaft, frame

el **ejemplo** example; **por ejemplo** for example

el **ejercicio** exercise

el the (*m. sing.*); **el de** that of; **el que** the one that

él (*subj.*) he; (*obj. of prep.*) him, it; **de él** (of) his

los **elásticos** suspenders

la **elección** election

eléctrico(a) electric, electrical

la **elegancia** elegance

elegante elegant; stylish

elegir to choose, to elect

el **elemento** element

ella (*subj.*) she; (*obj. of prep.*) her, it; **de ella** her, (of) hers

ellos, ellas (*subj.*) they; (*obj. of prep.*) them; **de ellos (ellas)** their, (of) theirs

el, la **embajador/a** ambassador

embarazada (*adj.*) pregnant

embargo: sin embargo however

embelezado(a) fascinated

embobado(a) fascinated

el **embotamiento** dullness

la **emergencia** emergency

emocionante exciting

el **emperador** emperor

empezar (>ie) a to start (to), to begin (to)

el, la **empleado/a** employee

emplear to use; to employ

el **empleo** employment; job

empujar to push

en in; into; on; at; **en casa** at home; **en punto** on the dot; **en realidad** in reality, actually; **en seguida** at once; **en serio** seriously; **en sordina** softly; **en torno** around; **en vez de** instead of; **pensar en** to think about

enajenar to alienate

enamorarse (de) to fall in

love (with); **enamorado**
to be in love
encalado(a) whitewashed
encantador(a) delightful,
charming
encantar to delight; **me
encanta...** I love ...
encargar to order
encender (>ie) to turn on
encerrado(a) locked up
encerrar (>ie) to lock up
encoger to shrink; to
contract
la **encomienda** assignment;
la encomienda postal
parcel post
encontrar (>ue) to find;
to meet; **encontrarse
(con)** to meet, to come
across
el **encuentro** encounter
enderezar(se) to
straighten (out, up)
el, la **enemigo/a** enemy
la **energía** energy
enero January
enfadar(se) to anger
enfermarse to get sick
la **enfermedad** illness
el, la **enfermero/a** nurse
enfermo(a) ill
enfrente (de) in front
(of), opposite; **de
enfrente** across the hall
el **enfriamiento** cooling
engañar to deceive
enjuto(a) lean
enloquecer (>zc) to madden
enmarcar to frame
enojado(a) angry
enojarse to become
angry, to get mad
el **enojo** anger
enorme enormous

enroscar to screw in;
enroscarse to coil
la **ensalada** salad
la **enseñanza** teaching
enseñar to teach; to show
el **ensueño** daydream
entender (>ie) to
understand
enterado(a) aware
entero(a) entire
entonces then; in that
case
entornado(a) ajar
entornar to half-close; to
leave ajar
entorpecer to disturb
la **entrada** admission ticket
entrar (a, en) to enter, to
go in
entre between, among;
entre sí among
themselves
entregar to deliver
entrenado(a) trained
entretener(se) to amuse
(oneself)
la **entrevista** interview
entristecer to sadden; to
make sad
entumecido(a) numb
envejecer (>zc) to age
envenenar to poison
enviar to send
envidiar to envy
el **envoltorio** bundle,
package
la **época** period, era, epoch,
time
el **equipaje** luggage
el **equivalente** equivalent
equivocado(a) wrong;
estar equivocado to be
mistaken
el **error** error, mistake

la **escala** scale; ladder
escalar to scale
la **escalera** staircase, stairs
la **escama** scale
el **escándalo** scandal,
   disgrace
escapar to escape, to run
   away
la **escapatoria** way out
la **escena** scene
la **escoba** broom
esconder to hide; **a
   escondidas** secretly
la **escotilla** hatch way, door
escribir to write
el, la **escritor/a** writer
la **escritura** writing
escuchar to listen (to)
el **escudero** squire
la **escuela** school
la **escultura** sculpture
ese, esa (*adj.*) that; **ése,
   ésa** (*pron.*) that (one)
esencial essential
el **esfuerzo** effort
eso (*pron.*) that; **a eso de**
   at around (*time of day*);
   por eso that's why, for
   that reason; **eso sí** you
   are right about that
esos, esas (*adj.*) those;
   ésos, ésas (*pron.*) those
el **espacio** space
la **espalda** back; **estar de
   espaldas** to have one's
   back turned
espantoso(a) terrifying
España Spain
español Spanish;
   Spaniard
especial special
la **especialidad** specialty
especialmente especially
el **espectáculo** spectacle,

pageant, show
el, la **espectador/a** spectator
el **espejo** mirror
la **espera** wait; **estar a la
   espera** to be waiting
la **esperanza** hope
esperar to wait (for); to
   hope; to expect
espiar to spy
espléndido(a) splendid
el, la **esposo/a** husband; wife;
   esposos husband and
   wife
el **esquí** skiing
esquiar to ski
la **esquina** corner
establecer (>zc) to
   establish; to plant
la **estación** season
la **estadística** statistics
el **estado** state; **los Estados
   Unidos** the United
   States
estallar to explode
el **estallido** explosion
estar to be (*in a certain
   place, condition, or
   position*); to be in (*at
   home, in the office, etc.*)
la **estatua** statue
este, esta (*adj.*) this; **éste,
   ésta** (*pron.*) this (one)
el **este** east
estilizado(a) streamlined,
   slender
el **estilo** style, fashion; **al
   estilo de** in the style of
estirar to stretch, to
   extend
esto(a) (*pron.*) this
el **estómago** stomach; **el
   dolor de estómago**
   stomachache
estornudar to sneeze

el **estornudo** sneeze
estos, estas (*adj.*) these;
éstos, éstas (*pron.*) these
estrafalario(a) odd,
extravagant
la **estrechez** confinement
estrecho(a) narrow, close
la **estrella** star
estremecer (>zc) to
shake, to quiver; **de
emoción, placer** to
shake with emotion,
pleasure
estrepitosamente noisily;
**sonándose
estrepitosamente**
blowing his nose loudly
estricto(a) strict
la **estructura** structure
el, la **estudiante** student
estudiantil (*adj.*) student
estudiar to study;
estudiar para to study
to be
el **estudio** study
estupendo(a) wonderful,
great
estúpido(a) stupid
etcétera et cetera
eterno(a) eternal
Europa Europe
europeo(a) European
la **evaluación** evaluation
evidente (*adj.*) evident
exactamente exactly
exacto(a) exact; **¡Exacto!**
That's right! Exactly!
el **examen** (*pl.* **los
exámenes**) examination,
test
excelente excellent
la **excepción** exception
excepto except
la **excursión** excursion, trip

el, la **exilado/a** exile (*person*)
existir to exist
el **éxito** success
la **experiencia** experience
experimentado(a)
experienced
la **explicación** explanation
explicar to explain
el, la **explorador/a** explorer
la **explosión** explosion
la **exposición** exhibit
la **expresión** expression
externo(a) external
el, la **extranjero/a** foreigner
extrañar to surprise;
**extrañado(a) por su
tono** surprised by his
tone (of voice); to miss
extraño(a) strange
extraordinariamente
(*adv.*) extraordinarily
extremo(a) extreme

fabuloso(a) fabulous;
terrific
fácil (*adj.*) easy
fácilmente (*adv.*) easily
la **facultad** school, college
la **falda** skirt
falso(a) false
fallecer (>zc) to die
la **familia** family
famoso(a) famous
el, la **fanfarrón/a** braggart
el **fantasma** ghost
el **farmacéutico** pharmacist
la **farmacia** drugstore,
pharmacy
el **farol** lantern; **farolito**
small lantern
fascinante (*adj.*)
fascinating

fascinar   to fascinate
la fatiga   fatigue
el favor   favor; **Hágame el
  favor de...** Please . . . ;
  por favor please
favorito(a)   favorite
febrero   February
la fecha   date, day
¡Felicitaciones!
  Congratulations!
feliz   (*adj.*) happy
el fenómeno   phenomenon
el ferrocarril   railroad
festejar   to celebrate, to
  honor
la festividad   festivity,
  holiday
la fiebre   fever
fiel   (*adj.*) faithful
la fiesta   feast, party,
  holiday; **día de fiesta**
  holiday
la figura   figure
figurar   to imagine
la figurilla   small figure
fijo(a)   fixed; **precio fijo**
  fixed price
el fin   end; **al fin** finally; **en
  fin** in conclusion; **fin de
  semana** weekend; **poner
  fin a** to put an end to;
  por fin finally
finalmente   (*adj.*) finally
fingir   to feign, to pretend
físico   physical
flamenco   flamenco (*said
  of Andalusian gypsy music,
  song, and dance*); **el
  flamenco** flamingo
el flan   custard
la flor   flower
el florero   vase (*flower*)
el foco   spotlight
la fonda   small restaurant

el fondo   bottom
la forma   form
la formación   formation
formar   to form
formidable   (*adj.*) superb
la fortuna   fortune
la foto   photo
la fotografía   photograph
el, la fotógrafo(a)
  photographer
francamente   frankly
el frasco   small bottle
la frecuencia   frequency;
  con frecuencia
  frequently
frecuente   (*adj.*) frequent
frecuentemente   (*adv.*)
  frequently
la frente   forehead
la fresa   drill
fresco(a)   fresh, cool;
  hacer fresco to be cool
  (*weather*); **un alojamiento
  muy fresco** a very cool
  room
el frío   cold; **hacer frío** to
  be cold (*weather*); **tener
  frío** to be (feel) cold
frito(a)   fried
la fruta   fruit
el fuego   fire; **fuegos
  artificiales** fireworks
fuera   outside
fuerte   (*adj.*) strong
la fuerza   strength; (*pl.*)
  forces; **fuerzas armadas**
  armed forces
fulminar   to strike down
fumar   to smoke
funcionar   to function, to
  work, to run
fundar   to found
furioso(a)   (*adj.*) furious
el furor   fury, rage

el **futuro** future; (*adj.*)
future

el **gabinete** study, office,
laboratory room
el **galardón** reward
el **galope** gallop; **al galope**
at a gallop
el **gallinazo** buzzard
la **gana** desire, wish; **tener
ganas** to feel like, to
want
el, la **ganador/a** winner
ganar to make, to earn;
to win; to gain; **ganar el
pan** to earn a living
el **garaje** garage
la **garganta** throat
la **gasa** gauze
gastar to spend
el **gasto** expense
el **gatillo** dental forceps,
trigger
el, la **gato/a** cat
la **gaveta** drawer
la **generación** generation
el **general** general; (*adj.*)
general, usual; **en
general (por lo general)**
in general, generally
generalmente generally
generoso(a) generous
la **gente** people
el, la **gerente** manager
el **gesto** expression, gesture;
un gesto hostil a hostile
gesture
girar to spin, to swing
la **glorieta** arbor
el **gobierno** government
golpear to hit; **golpearse**
to hit oneself

la **gorra** cap
la **gota** drop; **gotita** small
drop
gozar de to enjoy
gracias thanks, thank
you; **dar las gracias** to
thank; **gracias a** thanks
to; **Muchas gracias.**
Thank you very much.
gran, grande big, large,
great
la **grandeza** grandeur
gratis (*adj.*) free, gratis
grato(a) pleasing,
agreeable; **tener grato** to
please
el **grillo** cricket
gris gray
el **grito** shout, yell, scream,
cry; **llamar a gritos** to
shout
la **grosería** rudeness
grueso(a) thick
gruñir to grunt, to
grumble
el **grupo** group, bunch
Guadalajara city in
western Mexico, capital
of the state of Jalisco
el **guante** glove
guapo(a) good-looking
guardar to keep; to put
away
la **guardia** guard; **el
guardia** guard,
guardsman, police
officer
la **guerra** war
el, la **guía** guide
la **guitarra** guitar
gustar to please, to be
pleasing; **me gusta más**
I like best; **le gusta**
he/she likes

el **gusto** pleasure, delight;
Mucho gusto. Glad to
meet you.

haber to have (*auxiliary
verb to form compound
tenses*); see also **había,
habido, habrá, hay,
haya, hubo**
había (*imperf. of* **hay**)
there was (were)
habido (*p. part of* **haber:
ha habido**) there has
(have) been
la **habitación** room; **una
habitación apartada** an
isolated room
el, la **habitante** inhabitant
hablar to speak, to talk
habrá (*fut. of* **hay**) there
will be; **¿habrá?** could
there be?
hace (*with a verb in the
past tense*) ago; **hace dos
años** two years ago;
**¿Cuánto tiempo hace
(hacía) que...** (+ *pres. or
imperf.*)? How long has
(had) . . . been -*ing*?;
hace... que (+ *pres.*)
something has been -*ing*
for . . . (*length of time*)
hacer to make; to do;
hacer buen tiempo to
be nice weather; **hacer
calor** to be hot (*weather*);
hacer caso to pay
attention; **hacer
deportes** to play sports;
hacer ejercicios to do
exercises; **hacer el favor**

de to do the favor of;
hacer fresco to be cool
(*weather*); **hacer la
maleta** to pack one's
suitcase; **hacer el papel
de** to take the role of;
hacer frío to be cold
(*weather*); **¿Qué tiempo
hace?** How's the
weather?; **hacer sol** to
be sunny; **hacer un viaje**
to take a trip; **hacer
viento** to be windy
hacia toward
hacía: hacía... que (+
imperf.) something had
been -*ing* for . . . (*length
of time*)
la **hacienda** farm, estate
el **hada** (*f.*) fairy
halagado(a) flattered
halagar to flatter
hallar to find
el **hambre** (*f.*) hunger; **tener
hambre** to be hungry;
hambriento(a) hungry
harto(a) full, satiated;
estar harto to be fed up
hasta until; as far as;
desde... hasta from . . .
to; **hasta cierto punto**
up to a point; **hasta
cuánto** up to how much,
what is the most; **Hasta
luego.** See you later. So
long.; **hasta que** until
hay (*a form of the verb
haber) there is (are); **hay
que** one must, it is
necessary to; **No hay de
qué** You're welcome.
haya (*pres. subjunc. of
hay) **prohibe que haya**
forbids that there be

el **helado** ice cream, ice cream cone
heredar to inherit
herir (>ie) to hurt
el, la **hermano/a** brother; sister; (*pl.*) brother(s) and sister(s)
hermoso(a) beautiful
el **héroe** hero
hervir to boil
el **hierro** iron; **argolla de hierro** iron ring
el, la **hijo/a** son; daughter; (*pl.*) children, son(s) and daughter(s)
el **hilo** thread, yarn
hinchado(a) swollen
la **historia** history; story
histórico(a) historic, historical
la **hoja** leaf
¡Hola! Hello! Hi!
el, la **holgazán/a** loafer
el **hombre** man; **¡Hombre!** Wow! Hey!; **hombre pequeñito** selfish man
el **hombro** shoulder
el **honor** honor; **en honor de** in honor of
honrar to honor
la **hora** hour; time; **a estas horas** at this hour; **a la hora** after an hour; **altas horas** very late; **¿A qué hora?** At what time?; **hora de** time to; **¿Qué hora es?** What time is it?
el **horror: ¡Qué horror!** How awful!
horroroso(a) horrible, frightful
hoy today; **hoy día** nowadays, presently
hubo (*third-person pret. of* **haber**)
hueco(a) hollow, empty
la **huelga** strike
la **huella** footprint
el **huevo** egg
la **humanidad** humankind, humanity
humano(a) human; **ser humano** human being
húmedo(a) humid

la **ida: ida y vuelta** round-trip
la **idea** idea
el **ideal** ideal; (*adj.*) ideal
idem same as, ditto
la **identidad** identity
idiota (*adj.*) idiotic
el **ídolo** idol
la **iglesia** church
ignorante (*adj.*) ignorant
ignorar to ignore; not to know
igual (just) the same
la **igualdad** equality
ilegal illegal
la **ilusión** illusion
la **imaginación** imagination
imaginario(a) imaginary
imaginarse to imagine
imitar to imitate
impedir (>i) to prevent
imperioso(a) imperious, overbearing
el **impermeable** raincoat
imponente (*adj.*) impressive
la **importancia** importance
importante (*adj.*) important

importar to matter, to be important; **¿le importa ... ?** do you care about ... ?; **no (me) importa** it doesn't matter, I don't care; **qué importa** what difference does it make

imposible (*adj.*) impossible

la **impresión** impression

impresionante (*adj.*) impressive

impresionar to impress

el **impuesto** tax

inclinar to lean, to slant; **inclinarse hacia adelante** to lean forward

incluir to include

incluso(a) (*adj.*) included; (*adv.*) including, even

la **incomprensión** incomprehension

incorporarse to get up

increíble (*adj.*) incredible

increpar to scold

la **independencia** independence

independiente (*adj.*) independent

indígena (*adj.*) indigenous, native

indigesto(a) undigested

el, la **indio/a** Indian; (*adj.*) Indian

el **individuo** individual

la **infancia** infancy, childhood

infeliz (*adj.*) miserable, unfortunate, unhappy; gullible

el **infierno** hell

infinitamente infinitely

infinito(a) infinite

inflamado(a) inflamed, swollen

la **influencia** influence

la **información** information

informarse (de) to inform oneself (about)

el **infortunio** misfortune

la **ingeniería** engineering

el, la **ingeniero/a** engineer

el **ingenio** cleverness

la **ingratitud** ingratitude, ungratefulness

el **iniciador** initiator

inmediatamente (*adv.*) immediately

inmediato(a) immediate

inocente (*adj.*) innocent

inofensivo(a) harmless

inquieto(a) restless

el **insecto** insect

insensato(a) senseless

insinuar insinuate

insistir (en) to insist (on)

la **inspiración** inspiration

inspirar to inspire

el **instante** instant, movement

la **instrucción** instruction; **sin instrucción** uneducated

instruir to inform, to instruct

el **instrumento** instrument

intelectual intellectual

inteligente smart, intelligent

intentar to try, to attempt

el **intercambio** exchange

el **interés** interest

el **interior** interior; (*adj.*) inner

interminable (*adj.*) endless

internacional (*adj.*)
international
interrumpir to interrupt
la **interrupción** interruption
la **intervención** intervention
íntimo(a) intimate, close
intolerable intolerable
la **intuición** intuition
inútil (*adj.*) useless,
unnecessary
invadir to invade
inventar to invent
el **invierno** winter
la **invitación** invitation
el, la **invitado/a** guest
invitar to invite
ir to go; **ir a** + *inf.* to be
going to + *inf.*; **ir de
campamento** to go
camping; **ir de compras**
to go shopping; **ir de
vacaciones** to go on
vacation; **ir en auto
(autobús, avión, tren)** to
go by car (bus, plane,
train); **irse** to go (away),
to leave; **ir y venir**
coming and going; **¡Qué
le vaya bien!** May all go
well with you!; **Vamos,
vámonos** Let's go.;
Vamos a + *inf.*
Let's . . . ; **No vayamos.**
Let's not go.; **No
vayamos a** + *inf.* Let's
not . . . ; **yendo** (*pres.
part.*) going
la **isla** island
italiano(a) Italian
-ito/-ita a suffix used to
form diminutives
izquierdo(a) left; **a la
izquierda** to (on) the
left

jadeante (*adj.*) panting
jamás never, (not) ever;
jamás atrasado(a) never
late
el **jamón** ham
el **jaque** check (*chess*); **jaque
mate en dos jugadas**
checkmate in two moves
el **jardín** garden
la **jaula** bird cage
el **jefe** chief, boss
el **jerez** sherry
el **jeroglífico** hieroglyphic
Jesús Jesus; **¡Jesús!** Gee
whiz! Golly!
jorobado(a) hunchbacked
el, la **joven** young man, young
lady; (*pl.*) young people;
(*adj.*) young
la **joya** jewel; (*pl.*) jewelry
la **joyería** jewelry store
el **juego** game
jueves Thursday
la **jugada** move
el, la **jugador/a** player
jugar (>ue) (a) to play (*a
game*)
el **jugo** juice
jugoso(a) juicy; **lo más
jugoso** the juiciest part
el **juguete** toy
la **juguetería** toy store
julio July
junio June
juntarse to unite
junto(a) together, joined,
side by side; (*adv.*) near
by, close by; **junto a**
close to, near, next to
juntos together, close
la **justicia** justice; **hacer
justicia** to do justice
la **juventud** youth
juzgar to judge

el **kilómetro** kilometer (*a little over six-tenths of a mile*)

la the (*f. sing.*); (*dir. obj.*) her, it, you (**Ud.**); **la de** that of; **la que** the one that

el **labio** lip

el **laboratorio** laboratory

labrado(a) carved

el **lado** side; **al lado de** beside, next to

el **ladrillo** brick

el **lago** lake

la **lágrima** tear

la **lámpara** lamp

la **lana** wool

languidecer to languish

lanzar to throw; **lanzar un silbido** to hiss

el **lápiz** pencil

largo(a) long

las the (*f. pl.*); (*dir. obj.*) them, you (**Uds.**); **las de** those of; **las que** the ones (those) that

la **lástima** misfortune; pity; **¡Qué lástima!** What a shame!

lastimar to hurt

el **latido** heartbeat

latinoamericano(a) Latin American

lavar to wash; **lavarse** to wash (oneself), to get washed; **lavar ropa** to do the laundry

el **lazo** bow; **lacito** little bow

le (*indir. obj.*) (to, for, from) him, her, it, you (**Ud.**)

la **lección** lesson

la **lectura** reading

la **leche** milk; **el café con leche** coffee prepared with hot milk

el **lecho** bed (*of a river*)

la **lechuga** lettuce

la **lechuza** owl

leer to read

lejos far, far away; **a lo lejos** in the distance; **lejos de** far from

la **lengua** language; tongue

lentamente (*adv.*) slowly

lento(a) slow

les (*indir. obj.*) (to, for, from) them, you (**Uds.**)

el **letrero** sign

levantar to raise; **levantarse** to get up, to stand up

leve (*adj.*) light; slight; **una leve sonrisa** a faint smile

la **ley** law

la **leyenda** legend

la **liberación** liberation

liberado(a) liberated, freed

liberar to liberate

la **libertad** liberty, freedom

la **libra** pound

libre (*adj.*) free

la **librería** bookstore

la **libreta** notebook

el **libro** book

el **líder** leader

lila (*adj.*) lilac (*color*)

limitarse a to limit oneself; to be limited to

limpiar to clean

limpio(a) clean

lindo(a) pretty, beautiful; nice

liquidar to liquidate; to murder
liso(a) smooth
la **lista** list
listo(a) ready
literalmente literally
la **literatura** literature
el **litro** liter (*a little more than a quart*)
lo (*dir. obj.*) him, it, you (**Ud.**); the (*neuter*); **lo antes posible** as soon as possible; **lo cierto** what is certain; **lo cual** which; **lo maravilloso de** the wonderful thing about; **lo más** + *adv.* + **posible** as . . . as possible; **lo más... que** (+ *expression of possibility*) as . . . as; **lo mismo** the same (thing); **lo que** what, that which; **por lo tanto** therefore; **todo lo que** everything that
el, la **lobo/a** wolf
loco(a) crazy
los the (*m. pl.*); (*dir. obj.*) them, you (**Uds.**); **los de** those of; **los que** the ones (those) that
la **loza** porcelain
la **luciérnaga** firefly
la **lucha** struggle, fight
luchar (por, contra) to fight (for, against)
luego then, next; **Hasta luego.** See you later. So long.
el **lugar** place; **en lugar de** instead of
el **lujo: de lujo** luxurious
la **luna** moon
lunes Monday

el **luto** mourning; **de luto** in mourning
la **luz** light; **la luz del sol** sunlight

la **llama** flame
llamar to call; **llamar por teléfono** to phone; **llamarse** to be called, to be named; **¿Cómo se llama... ?** What is . . .'s name?; **me llamo** my name is
el **llanto** weeping, crying; tears
la **llave** key; **con llave** locked
llegar (a) to arrive (in), to get to, to reach; **aquí llegan** here come; **llegar a ser** to become; **llegó a actuar** she got to act
llenar to fill
lleno de full of; **llenos de lágrimas** full of tears
llevar to carry, to bear; to take; to lead; to wear; **llevarle la corriente** to go along with
llevarse (bien, mal) to get along (well, badly)
llorar to cry
lloriquear to whimper
llover (>ue) to rain
la **lluvia** rain

la **madera** wood
la **madre** mother; **Madre-Tierra** Mother Earth (*Indian deity*)

la **madriguera** den
la **madrina** godmother
el, la **madrugador/a** early riser
el, la **maestro/a** teacher,
    master, scholar
la **magia** magic
    mágico(a) magic
    magnánimo(a) mag-
    nanimous
    magnífico(a) wonderful,
    magnificent, great
el, la **mago/a** magician
el **maíz** corn
    mal (*adv.*) badly, poorly
el **mal** evil
    mal, malo(a) (*adj.*) bad,
    naughty
la **maldad** badness, evil
la **maldición** curse
    maldito(a) damn;
    ¡Maldita sea! Damn it!
el **malestar** malaise;
    indisposition
la **maleta** suitcase
    malgastar to squander
las **mallas** tights
la **mamá** mother, mom
la **mancha** stain
el **mandadero** messenger
    mandar to order, to
    command; to send
la **mandíbula** jaw
    manejar to drive
la **manera** way, manner,
    fashion; **de manera
    diferente** in a different
    way; **de ninguna manera**
    in no way, not at all; **de
    otra manera** differently;
    de todas maneras
    anyhow, anyway; **de una
    manera...** in a ... way
la **mano** hand; **Dame la
    mano.** Give me your

hand.; **en (a) manos de**
    in (into) the hands of
el **manotazo** slap
    mantener (>g, ie) to
    keep, to maintain
la **mañana** morning; (*adv.*)
    tomorrow; **de la mañana**
    A.M.; **mañana temprano**
    early tomorrow
    morning; **por la mañana**
    in the morning
el **mapa** map
la **máquina** machine;
    máquina de escribir
    typewriter
el **mar** sea; **Mar Caribe**
    Caribbean Sea
la **maravilla** marvel, wonder
    maravilloso(a) wonderful,
    marvelous; **lo
    maravilloso de** the
    wonderful thing about
la **marcha** march
    marchar to march, to
    walk; **marcharse** to go
    away
    marchito(a) withered,
    faded
el **marido** husband
    marrón (*adj.*) brown
    martes Tuesday
    martillear to hammer
    marzo March
    mas (*adv. conj.*) but
    más (*adv.*) more, any
    more; most; (*prep.*) plus;
    ¿algo más? anything
    else?; **más conocido**
    better known; **más de**
    (+ *number*) more than;
    más o menos more or
    less; **más... que** more
    ... than; **más vale** it is
    better; **me gusta más** I

like best; **¡Qué idea más
ridícula!** What a
ridiculous idea!
la **máscara** mask
matar to kill
las **matemáticas**
mathematics
el, la **matemático/a**
mathematician
matinal (*adj.*) morning,
matinal
mayo May
mayor (*adj.*) older, oldest;
greater, greatest; **la
mayor parte** the major
part
el **mayordomo** butler
la **mayoría** majority
me (to, for, from) me,
myself
la **media** stocking
la **medianoche** midnight
la **medicina** medicine
el, la **médico/a** doctor,
physician
el **medio** middle, means;
(*adj.*) middle; half; **clase
media** middle class; **en
medio de** in the middle
of; **las doce y media**
12:30; **media hora** a
half hour
el **mediodía** noon; midday
break; **al mediodía** at
noon; for the midday
meal
medroso(a) fearful
la **mejilla** check
mejor better, best;
¡mejor! so much the
better!
mejorar to improve
melancólico(a)
melancholy

la **memoria** memory
el, la **mendigo/a** beggar
menear to move, to
shake; **menearse** to
wiggle
el, la **menor** minor; (*adj.*)
younger, youngest
menos less, least; **a
menos que** unless; **más
o menos** more or less;
menos de (+ *number*)
less than (+ *number*);
menos... que less ...
than; **menos mal que** it
is a good thing that; **por
lo menos** at least
mentir (>ie) to lie
la **mentira** lie
el **mercado** market,
marketplace
la **merced** favor
merecer (>zc) to deserve
el **mérito** merit, worth;
encontrarle méritos to
point out her good
qualities
el **mes** month
la **mesa** table; **poner la
mesa** to set the table
metálico(a) metallic
meter to put, to insert;
meterse to interfere;
meterse en el agua to
get (oneself) into the
water
México Mexico; Mexico
City
la **mezcla** mixture, mixing
mi, mis my
mí (*obj. of prep.*) me,
myself
el **miedo** fear; **tener miedo
(de)** to be afraid (of, to)
el **miembro** member

mientras (que) while; whereas; **mientras tanto** meanwhile

miércoles Wednesday

mil one thousand; **miles** thousands

el **milagro** miracle

el **militar** military man, soldier; (*adj.*) military

la **milla** mile

el **millón** million; **un millón de...** a million ...

el, la **millonario(a)** millionaire

mimado(a) pampered

la **minoría** minority

el **minuto** minute

mío(s), mía(s) (*adj.*) my, (of) mine; **el mío (la mía, los míos, las mías)** (*pron.*) mine; **¡Dios mío!** My goodness!

la **mirada** look; **fulminar con la mirada a** to look daggers at

mirar to look (at), to watch; **mirándose en el espejo del agua** looking at himself in the mirror of the water

la **misa** mass (*church*)

miserable (*adj.*) miserable

la **misión** mission

mismo(a) same; very, just, right; **ahora mismo** right now; **al mismo tiempo** at the same time; **allí mismo** right there; **el mismo** the very same; **lo mismo (que)** the same (thing) (as); **por eso mismo** that's just it

el **misterio** mystery

la **mitad** half

el **mito** myth

la **moda** fashion, style; **a la moda (de moda)** in style, fashionable

moderno(a) modern

modesto(a) modest

mojar to wet, to dampen, to moisten

el **molde** mold

molestar to bother; **me molesta** it bothers me

el **momento** moment

la **moneda** coin

el, la **mono/a** monkey

la **montaña** mountain

montañoso(a) mountainous

el **montón** a lot of; **un montón de** a great deal of; **a montones** lots of

mordiscar to nibble; **mordisco** bite; **a mordiscones** by biting

moreno(a) dark-haired, brunette

morir (>ue) to die; **morirse (de)** to die, to be dying (of)

el, la **moro/a** Moor

la **mosca** fly

mostrar (>ue) to show

el **movimiento** movement; **hora de mucho movimiento** (*f.*) rush hour

el, la **mozo/a** lad, lass; waiter, waitress

el, la **muchacho/a** boy; girl; (*pl.*) children, boy(s) and girl(s)

muchísimo(a) very much; (*pl.*) very many

mucho(a) (*adj.*) much, a lot of; very; too much;

(*pl.*) many; (*adv.*) very
much; **Mucho gusto.**
Glad to meet you.;
mucho que hacer a lot
to do; **mucho tiempo** a
long time
mudarse to move (*change
residence*)
el **mueble: los muebles**
furniture
la **mueca** grimace
la **muela** tooth
la **muerte** death
el, la **muerto/a** dead person,
corpse; (*adj.*) dead
la **mujer** woman; wife;
nombre de mujer
woman's name
la **mula** mule
el **mundo** world; **Nuevo
Mundo** New World
(America); **todo el
mundo** everyone, the
whole world
la **muñeca** wrist; doll
el **muro** wall
el **músculo** muscle
el **museo** museum
la **música** music
el, la **músico/a** musician
muy very

nacer (>zc) to be born
nacido(a) born
la **nación** nation
nacional national
la **nacionalidad** nationality
nada nothing, not
anything; **de nada**
you're welcome; **por
nada del mundo** (not)

for anything in the
world
nadar to swim
nadie no one, nobody,
not anyone; **nadie
podría** nobody could
el **naipe** playing card
la **naranja** orange
el **naranjo** orange tree
narigudo(a) having a
long and large nose
la **nariz** nose
la **naturaleza** nature
naturalmente naturally
la **nave** spaceship, ship
la **Navidad** Christmas; (*pl.*)
Christmas holidays
necesario(a) necessary
la **necesidad** necessity
necesitar to need
necio(a) foolish
negar (>ie) to deny; **le
negó su parte de** he
refused to give him his
share of
el **negocio** business; **viaje
de negocios** business trip
negro(a) black
el, la **neoyorquino/a** New
Yorker
nervioso(a) (por) nervous
(about)
neutro(a) neutral
nevar (>ie) to snow
ni nor; or; **ni... ni**
neither . . . nor
la **niebla** fog
la **nieve** snow
ningún, ninguno(a) none,
not any, no, not one,
neither (of them); (**a)
ninguna parte** nowhere;
de ninguna manera in
no way, not at all

el, la **niño/a** boy, child; girl;
  (*pl.*) children, kids
  no no, not; **¿no?** right?
  true?
el, la **noble** noble
  la **noche** night, evening; **de
  la noche** P.M. (at night);
  de noche at night; **esta
  noche** tonight, this
  evening; **por la noche** at
  night, in the evening;
  todas las noches every
  night
  el **nombramiento** naming;
  appointment
  el **nombre** name; **a (en)
  nombre de** in the name
  of; **nombre de mujer**
  woman's name
  el **noreste** northeast
  el **noroeste** northwest
  el **norte** north
  nos (to, for, from) us,
  ourselves
  nosotros, nosotras (*subj.
  pron.*) we; (*obj. of prep.*)
  us, ourselves
  la **nota** note; grade
  notar to notice
  la **noticia** (piece of) news;
  (*pl.*) news
  novecientos(as) nine
  hundred
  la **novela** novel
  noventa ninety
  la **novia** girlfriend; fiancée
  noviembre November
  el **novio** boyfriend, suitor,
  fiancé; (*pl.*) sweethearts
  la **nube** cloud
  nublado(a) (*adj.*) cloudy;
  está nublado it's cloudy
  nuestro(a) (*adj.*) our, of
  ours

la **nueva** news, tidings
  nuevamente again
  nueve nine
  nuevo(a) new; **¿Qué hay
  de nuevo?** What's new?
el **número** number
  numeroso(a) numerous
  nunca never, not ever;
  nunca a tiempo never
  on time; **nunca se me
  habría ocurrido** it
  would never have
  occurred to me
la **nutrición** nutrition

  o or; **o... o** either . . . or
el **obispo** bishop
  obligado(a) obliged; **se ve
  obligado a enfrentar
  solo la situación** he is
  forced to confront the
  situation by himself
la **obra** work; body of work;
  obra de arte work of
  art; **obra de teatro** play
  obrar to do, to act
  obsequiar to give
  obsesionado(a) obsessed
la **ocasión** occasion
  occidental (*adj.*) western
el **océano** ocean; **Océano
  Atlántico** Atlantic Ocean
  octubre October
  ocupado(a) busy
  ocurrir to occur, to
  happen; **de lo que
  ocurra** on whatever
  takes place
  ochenta eighty
  ocho eight
  ochocientos(as) eight
  hundred

odiar to hate
el **oeste** west
ofender to offend, to be offensive; **ofenderse** to take offense
la **oferta** sale, (special) offer
oficial (*adj.*) official
la **oficina** office
ofrecer (>zc) to offer; **¿Qué se le ofrece?** What can I do for you?
el **oído** inner ear
oír to hear
ojalá que I hope that . . .
la **ojera** ring (*of the eyes*); **tener ojeras** to have rings under one's eyes; **con ojeras** with bags under the eyes
el **ojo** eye
oler (>hue) to smell
olvidar to forget; **olvidarse (de)** to forget (about)
once eleven
ondular to wave; to undulate
la **opción** choice
la **operación** operation
la **opinión** opinion; **según su opinión** in your opinion
la **oportunidad** opportunity, chance
optar to opt, to choose
optimista optimistic
el **orden** order; **a sus órdenes** at your service
la **oreja** ear
la **organización** organization
organizar to organize
el **orgullo** pride
orgulloso(a) proud

el **origen** origin
la **orilla** bank; **orilla izquierda** left bank
el **oro** gold
os (to, for, from) you, yourselves (*fam. pl.*)
oscuro(a) dark
otear to scan
el **otoño** autumn
otro(a) other, another; **al otro día** the next day; **otra vez** again; **lo otro** on the other hand
oxigenado(a) bleached (*hair*)

la **paciencia** patience
el **padre** father; priest; (*pl.*) parents
el **padrino** godfather; (*pl.*) godparents; host family
Paganini famous Italian violinist and composer
pagar to pay
la **página** page
el **país** country
el, la **pájaro/a** bird
la **palabra** word
el **palacio** palace
pálido(a) pale
la **paliza** beating
la **palmera** palm tree
palmotear to pat
la **paloma** pigeon
palparse to touch
el **pan** bread; **pan tostado** toast
la **panadería** bakery
el **pantalón, los pantalones** pants

el **pañuelo** handkerchief

la **papa** potato; **papas fritas** French fries

el **papá** dad, father; (*pl.*) parents

el **papel** paper; role; **hacer el papel de** to take the role of

el **par** pair

para for; in order to; by (*a certain time*); **estudiar para** to study to be; **no es para tanto** it's not important; **para que** so that; **¿para qué?** why? for what purpose?; **para sí** to himself (herself, themselves, yourself); **para siempre** forever

el **paraguas** umbrella

paraguayo(a) Paraguayan

parar(se) to stop

parecer (>zc) to seem, to appear, to look like; **¿Qué le(s) parece si... ?** How about (*doing something*)?; **me pareció** it seemed to me

la **pared** wall

el **paredón** thick wall

la **pareja** pair, couple

el, la **pariente** relative

parpadear to blink

el **parque** park; **parque zoológico** zoo

la **parte** part, portion, section; **(a) alguna parte** somewhere; **(a) ninguna parte** nowhere; **¿De parte de quién?** Who is calling?; **en parte** partly; **gran parte** a great part; **la mayor parte** the major part; **por otra parte** on the other hand; **por (a, en) todas partes** everywhere

participar (en) to participate (in)

particular particular, peculiar; **nada de particular** nothing special

la **partida** game; **partida de ajedrez** chess game

el **partido** game, match; political party

partir to leave, to depart

el **pasado** past; (*adj.*) past, last; **el verano pasado** last summer

el **pasaje** ticket

el, la **pasajero/a** passenger

el **pasaporte** passport

pasar to pass, to get by; to spend (*time*); to happen; **pasar (adelante)** to come in (*to one's home*); **pasar por** to drop by, to pass by; **Pase usted.** Go ahead. Come in; **¿Qué le pasa a... ?** What's the matter with . . . ?; **¿Qué pasa?** What's wrong? What's going on? **¿Te pasa algo?** Is something wrong?

pasear to stroll, to walk

el **paseo** walk; ride; **dar un paseo** to take a walk

el **pasillo** hallway

el **paso** step; transition; **me cerró el paso** he/she blocked my way; **pasos de hada** fairy steps el **pasto** grass

la **pata** leg (*of an animal*)

la **patilla** sideburn

el **patio** patio

patriótico(a) patriotic

el, la **patrón/a** boss

la **paz** peace

el **pebete** fuse (*of a firecracker*)

pedalear to pedal

el **pedazo** piece; **a pedazos** by pieces

pedir (>i) to ask (for), to request, to order (*in a restaurant*); **pedir perdón** to beg one's pardon

pegar to stick

pelear to fight, to dispute

la **película** film, movie

el **peligro** danger

peligroso(a) dangerous

el **pelo** hair

la **peluca** wig

la **pena** sorrow, grief; **dar pena** to feel sorry

el **pendiente** earring

penetrante (*adj.*) penetrating, effective

el **pensamiento** thought

pensar (>ie) to think; to plan, to intend, to think of, about (*followed by inf.*); **pensar de** to think of, about (*an opinion*); **pensar en** to think about, concerning (*followed by n. or pron.*)

la **penumbra** semi-obscurity

peor worse, worst

pequeño(a) little, small; **cuando éramos pequeños** when we were small (children)

perder (>ie) to lose; to

miss; **perder el tiempo** to waste (one's) time; **perderse** to get lost, to lose one's way; to go astray

la **pérdida** loss; **pérdida de tiempo** a waste of time

perdido(a) lost

la **perdiz** partridge

el **perdón** pardon; **¡Perdón!** Excuse me!

perdonar to pardon, to forgive; **¡Perdone!** Excuse me!

perezoso(a) lazy

perfecto(a) perfect, fine

el **periódico** newspaper

el, la **perito/a** expert

la **perla** pearl

permanecer (>zc) to remain

el **permiso** permission; **con permiso** excuse me

permitir to permit, to allow; **permítame** allow me

pero but

la **persiana** slatted shutter, blind, venetian blind

la **persona** person

el **personaje** character

la **personalidad** personality

la **perspectiva** perspective, outlook

la **pesadilla** nightmare

pesado(a) heavy

pesar to weigh, to consider; **a pesar de** in spite of

el **pescado** fish (*as a food*)

pescar to fish; **ir a pescar** to go fishing

el **pescuezo** neck (*in animals*)

la **peseta**   monetary unit of
  Spain
pesimista   pessimistic
el **peso**   monetary unit of
  several Latin American
  countries; weight
la **pestaña**   eyelash
el **pestillo**   bolt
el **petardo**   firecracker
el **pez**   fish (*live*); **el pescado**
  fish (*that has been caught*)
el **piano**   piano
piar   to chirp; (*noun*)
  chirping
picado(a)   decayed
picar   to sting
el **pico**   bill, beak, sharp
  point
el **pie**   foot; **a pie** on foot;
  al pie de at the foot of;
  ponerse de pie to stand
  up
la **piedra**   stone, rock
la **piel**   skin; **pieles-negras**
  blackskins
la **pierna**   leg
la **pieza**   part, piece; room;
  pieza contigua adjoining
  room
la **píldora**   pill
pillar   to catch
pinchar   to prick
pintar   to paint
el, la **pintor/a**   painter
la **pintura**   painting, paint
las **pinzas**   forceps, pliers
el **piso**   floor; story
pitar   to whistle
la **pizarra**   blackboard
placentero(a)   pleasant
el **placer**   pleasure
la **placidez**   placidness,
  placidity
la **planta**   plant

la **plata**   silver
la **plataforma**   platform
plateado(a)   silvered,
  silvery
el **plato**   plate, dish
la **playa**   beach
la **plaza**   plaza, square
la **pluma**   pen
la **población**   population
poblar (>ue)   to populate
pobre (*adj.*) poor; **los
  pobres** the poor (*people*)
la **pobreza**   poverty
poco(a)   little (*in amount*);
  (*pl.*) few; **poco a poco**
  little by little; **poco
  después** a short time
  after(ward); **poquísimo**
  very little; **un poco** a
  little (bit); **un poco más**
  a little more
poder (>ue)   to be able,
  can, may; **puede ser**
  that (it) may be; **se
  puede** one can
el **poder**   power
poderoso(a)   powerful
el **poema**   poem
el, la **poeta**   poet
la **poetisa**   poetess
el **policía**   policeman
la **policía**   police;
  policewoman
la **política**   politics; policy;
  politician (*f.*)
el, la **político/a**   politician; (*adj.*)
  political
el **polvo**   dust
la **pólvora**   gunpowder
la **pollera**   skirt
el, la **pollo/a**   chicken
el **pomo**   flask, small bottle
el **poncho**   poncho
poner (>g)   to put, to

place; **poner la mesa** to set the table; **ponerse** to get, to become; to put on (*clothing*); **ponerse de pie** to stand up; **le puse** I named him

el **póquer** poker

por for; because of, on account of; for the sake of; by; per; along; through; throughout; around (*in the vicinity of*); in; during; in place of; in exchange for; **por aquí** this way, over here, around here; **por casualidad** by coincidence; **por ciento** percent; **por ejemplo** for example; **por eso** that's why, for that reason; **por favor** please; **por fin** finally; **por la mañana** in the morning; **por la noche** in the evening, at night; **por la tarde** in the afternoon, evening; **por lo general** generally; **por lo menos** at least; **por lo tanto** therefore; **por nada del mundo** (not) for anything in the world; **por otra parte** on the other hand; **por supuesto** of course; **por teléfono** on the telephone; **por televisión (radio)** on T.V. (radio); **por todas partes** everywhere

¿por qué? why?

porque because

el **porvenir** future

posarse to land, to rest on

la **posesión** possession; **tomar posesión de** to take possession of

posible possible; **lo más pronto posible** as soon as possible

posiblemente possibly

postergar to postpone; **el brugo postergado** the sorcerer who was put off

posterior after

el **postre** dessert

prácticamente (*adv.*) through practice, practically

practicar to practice; to go in for (*a sport*)

práctico(a) practical

el **precio** price; **¿A qué precio?** What's the price?; **¿Qué precio tiene... ?** What's the price of . . . ?

precioso(a) precious; lovely; darling

precisamente precisely

preciso(a) precise

preferir (>ie) to prefer

la **pregunta** question

preguntar to ask; **preguntar si** to ask him/her whether

el **prelado** prelate

preliminar (*adj.*) preliminary

el **premio** prize

preocupado(a) worried

preocuparse (de) to worry (about)

preparar to prepare

la **presencia** presence

presentar to present, to show; to introduce

el, la **presidente/a** president

prestar to lend, to loan

la **primavera** spring

primer, primero(a) first; **de primera clase** first-class, first-rate

el, la **primo/a** cousin

principal (*adj.*) main, principal

principalmente principally

el **principio** beginning; **desde el principio** all along, from the beginning

la **prisa** haste, hurry; **tener prisa** to be in a hurry

privado(a) private

probablemente (*adv.*) probably

probar (>**ue**) to try out; to try, to taste

el **problema** problem

procesar to try (*in a court of law*)

la **procesión** procession

proclamado(a) proclaimed

el **producto** product

la **profesión** profession

el, la **profesor/a** teacher, professor

profundamente profoundly

profundo(a) deep

el **programa** program

el **progreso** progress

prohibir to prohibit, to forbid

la **promesa** promise

prometer to promise

pronto(a) soon, fast, quickly; **Hasta pronto.** See you soon.; **lo más pronto posible** as soon as possible; **prontísimo** very soon; **tan pronto como** as soon as

la **propiedad** property, real estate

propio(a) own

el **propósito: a propósito** by the way

próspero(a) prosperous

proteger to protect

la **protesta** protest

protestar to protest

próximo(a) next, coming

proyectar to project

prudente prudent

la **prueba** test, trial

publicar to publish

el **público** public; spectators; (*adj.*) public; **en público** in public

el **pudridero** garbage heap

el **pueblo** people; village, town

el **puente** bridge

la **puerta** door

el **puerto** port, harbor

pues (*interj.*) well ... ; (*conj.*) for, because

el **puesto** job, position

pulir to polish

el **pulso** pulse

la **punta** point, tip; **pararse en punta** to stand on tip-toe

la **puntería** aiming, aim (*of a weapon*); **¡Qué puntería!** What aim!

el **punto** point, dot; **en**

punto on the dot, exactly; **a punto de** about to
puntual (*adj.*) punctual
la **puntualidad** punctuality
el **puñado** handful
la **pupila** pupil
puro(a) pure

que (*rel. pron.*) that, which, who, whom; (*adv.*) than; **el (la, los, las) que** which, who(m), the one(s) that, those who; **lo que** what, that which
¿qué? what?, which?; **¿para qué?** why?, for what purpose?; **¿por qué?** why?; **Qué clase de... ?** What kind of . . . ?; **¿Qué día es hoy?** What day is it today?; **¿Qué es esto?** What is this?; **¿Qué hay de nuevo?** What's new?; **¿Qué tal?** How's it going?; **¿Qué te pasa?** What's wrong? What's the matter with you?
¡qué... ! What (a) . . . ! How . . . !; **¡Qué alivio!** What a relief!; **¡Qué cómico!** How funny!; **¡Qué escándalo!** What a scandal!; **¡Qué gracioso!** How funny!; **¡Qué idea más ridícula!** What a ridiculous idea!; **¡Qué lástima!** What a shame!; **¡Qué suerte!** What

luck!; **¡Qué va!** Oh, come on!
quedar to remain, to be left; to fit; **quedarse** to stay, to remain; **quedarse dormido(a)** to fall asleep; **al quedar sola** when she is left alone
quejar(se) to complain
quemar to burn
querer (>ie) to want, to wish; to love; **querer decir** to mean; **quisiera cooperar** would like to cooperate; **Ud querrá decir** you must mean
querido(a) loved; darling, dear; **seres queridos** loved ones
quien, quienes who, whom; the one who, those who
¿quién? who?, whom?; **¿de quién?** whose?
quince fifteen
quinientos(as) five hundred
quitar to take away; **quitarse** to take off (*clothing*); **quitar demasiado tiempo** to take up too much time
quizás maybe, perhaps

la **rabia** anger, rage
el **racimo** bunch, cluster
la **radio** radio
el **ramo** bouquet; branch; bunch; **ramo de flores** bouquet of flowers
la **rana** frog

el **rancho** ranch; in Venezuela and Colombia, a small dwelling

rápidamente quickly, rapidly

rápido(a) (*adj.*) rapid, fast; (*adv.*) fast, quickly

raro(a) rare, strange; **¡Qué tipo más raro!** What a strange character!

el **rato** short time; **hace un rato** a while ago; **al poco rato** a short time after

la **raya** stripe; **raya plateada** silver line

la **raza** race; **el Día de la Raza** Columbus Day

la **razón** reason; **por alguna razón** for some reason; **tener razón** to be right

razonable reasonable

la **reacción** reaction

real royal; **el Real Madrid** Spanish soccer team

la **realidad** reality; **en realidad** in reality, actually

el **realismo** realism

realista (*adj.*) realistic

realmente really, actually

rebajar to lower

el, la **rebelde** rebel

la **rebelión** rebellion

rebuscar to search thoroughly; to search for

el, la **recepcionista** desk clerk; receptionist

recibir to receive

reciente (*adj.*) recent

recientemente recently

recitar to recite

recobrar to get back

recomendar (>ie) to recommend

recordar (>ue) to remember

recorrer to go through

el **recuerdo** memory, souvenir

el **recurso** recourse, resort

referir (>ie) to relate, report

el **reflejo** gleam, reflection

el **refrán** proverb, saying

el **refresco** soft drink

refunfuñar to grumble

regalar to give (*as a present*)

el **regalo** gift, present

regatear to bargain

el **régimen** regime, government

la **región** region

regodearse to get immense enjoyment

regresar to return, to go (come) back

regularmente (*adv.*) regularly

el **reino** kingdom

reír(se) to laugh

la **relación** relation, relationship

relacionado con related to

el **relámpago** lightning

relatar to tell, to recount

relativamente relatively

la **religión** religion

religioso(a) religious

el **reloj** clock, watch

el **remedio** remedy, cure;

**no tener más remedio
que** to have no other
choice
remontar to soar
el **remordimiento** remorse
remoto(a) remote
remozar to rejuvenate
repartir to distribute, to
hand out
repetir (>i) to repeat;
Repita(n), por favor.
Please repeat.; **te he
repetido** I have told you
la **representación**
representation, portrayal
representar to represent;
to portray, to show
reprimir to suppress
resecar to dry up or out;
boca reseca dry mouth
el **resentimiento** resentment
reservar to reserve
reservarse to keep for
oneself
el **resfrío** cold
resignadamente with
resignation
la **resistencia** resistance
resolver (>ue) to solve,
to resolve
el **respaldo** back (*of a seat*)
respectivamente
respectively
respetar to respect, to
esteem
el **respeto** respect
responsable (*adj.*)
responsible
la **respuesta** answer
el **restaurante** restaurant
el **resto** rest, remainder
restregar (>ie) to rub
resuelto(a) resolved

retirar(se) to retire
el **retrato** portrait
el **retrocohete** retro rocket
la **reunión** meeting,
gathering, get-together
reunirse (a) to meet, to
gather (to); **reunirse con**
to get together with
reventar (>ie) to burst
revisar to go through, to
revise, to check
la **revista** magazine
la **revolución** revolution
revolverse (>ue) to gyrate
el **rey** king; (*pl.*) king and
queen
rico(a) rich; delicious
ridículo(a) ridiculous
el **rincón** corner
la **riña** fight
el **riñón** kidney
el **río** river
la **risa** laughter
robar to steal, to rob
el **robo** theft, robbery
la **roca** rock
el **roce** class
el **rocío** dew
rodar (>ue) to roll
la **rodilla** knee
rogar (>ue) to implore, beg
rojo(a) red
romántico romantic
romper to break; **romper
con** to break with
la **ropa** clothes, clothing
la **rosa** rose
rosado(a) pink, rosy
la **rosquilla** ring-shaped
fritter
el **rostro** face, countenance
rubio(a) blond
ruborizar to make blush

la **rueda** wheel
el **ruido** noise
la **ruina** ruin
el **rumbo** direction; **rumbo a** heading for
rústico(a) rustic
la **rutina** routine

sábado Saturday; **Sábado de Gloria** Easter Sunday
saber to know; to find out; **saber + *inf.*** to know how to; **que yo sepa** as far as I know
el, la **sabio/a** learned person, scholar, wise person
saborear to taste, to relish
sabroso(a) delicious
sacar to take out; **sacar una foto** to take a photograph; **sacar una nota** to get a grade
la **sal** salt
la **sala** large room; living room; **la sala de clase** classroom; **sala de espera** waiting room
el **salario** salary
la **salida** exit
salir (>g) (de) to leave, to go out, to come out; **salir con** to go out with; **salir para** to leave for; **Todo va a salir bien.** Everything will turn out fine.
saltar to jump
la **salud** health; **¡Salud!** To your health! Cheers!
saludar to greet; **lo saludaron obispo** they greeted him as a bishop
el **saludo** greeting
san (*shortened form of* **santo**) saint
la **sandalia** sandal
la **sangre** blood; heritage
sanguinario(a) bloody
sano(a) healthy; sane; **sano y salvo** safe and sound
Santiago city in NW Spain
el, la **santo/a** saint; saint's day; (*adj.*) holy; **santo patrón (santa patrona)** patron saint
el, la **sapo/a** toad
se (*indir. obj.*) (to, for, from) him, her, it, you (**Ud., Uds.**), them; (*refl. pron.*) (to, for, from) himself, herself, itself, yourself (**Ud.**), themselves, yourselves (**Uds.**)
sé (*first person sing. pres. of* **saber**; *second person sing. imperative of* **ser**)
secar(se) to dry
la **sección** section
seco(a) dry
el, la **secretario/a** secretary
el **secreto** secret; (*adj.*) secret
secundario(a) secondary; **la escuela secundaria** high school
la **sed** thirst; **tener sed** to be thirsty
seguida: en seguida right away, at once
seguir (>i) to follow; to continue, to keep on, to

still be; **seguir cursos** to take courses
según according to; **según su opinión** in your opinion
segundo(a) second; **segundo cajón a la izquierda** second drawer to the left
seguro(a) sure, certain, safe
seis six
seiscientos(as) six hundred
la **selva** jungle; **claro de la selva** clearing in the jungle
sellar to seal
la **semana** week; **el día de semana** weekday; **el fin de semana** weekend; **la semana que viene** next week, this coming week; **la Semana Santa** Holy Week; **todas las semanas** every week
semejante (*adj.*) similar
el **semestre** semester
el, la **senador/a** senator
sencillo(a) simple, easy
sensacional (*adj.*) sensational
sentado(a) seated, sitting
sentarse (>ie) to seat, to sit
sentenciar to pass judgment
sentir (>ie) to feel; **sentir que** to be sorry that; **sentirse** + *adj.* to feel + *adj.*
señalar to point out, to show

el **señor** (*abbr.* **Sr.**) man, gentleman; sir; mister, Mr.
la **señora** (*abbr.* **Sra.**) lady; wife; ma'am; Mrs.
los **señores** (*abbr.* **Sres.**) Mr. & Mrs.; ladies and gentlemen
la **señorita** (*abbr.* **Srta.**) young lady; Miss
la **separación** separation
separado(a) separate; separated
separar to separate
septiembre September
el **sepulcro** tomb, grave
sepultar to bury
ser to be (*someone or something; description or characteristic*); **¡Cómo es (son)... ?** What is (are) . . . like?; **Es que...** That's because . . . ; **llegar (pasar) a ser** to become; **ser de** to be from (somewhere), to be (someone's); **¿De dónde será?** I wonder where he/she is from.
el **ser** being; **ser humano** human being
la **serie** series
serio(a) serious; **en serio** seriously
la **serpentina** paper streamer
el **servicio** service
servir (>i) to serve; **¿En qué puedo servirle?** What can I do for you?; **que pudieran servirle** that would be of use to you

severo(a) severe

el **sexo** sex

si if; **como si** as if

sí yes

siempre always; **para siempre** forever

la **sierra** mountain range

la **siesta** midday break for lunch and rest; **dormir la siesta** to take a nap after lunch

siete seven

el **sigilo** seal, stamp; secrecy; **con gran sigilo** in great secrecy

el **siglo** century

el **significado** meaning, significance

significar to signify, to mean

siguiente (*adj.*) following

el **silencio** silence

silencioso(a) silent

la **sílfide** sylph, nymph

la **silla** chair

el **sillón** armchair; **sillón de resortes** dentist chair

simbólico(a) symbolic

simbolizar to symbolize

el **símbolo** symbol

simpático(a) nice

simplemente simply

simultáneamente simultaneously

sin without; **sin embargo** however; **sin que** without

sincero(a) (*adj.*) sincere

sino but, but rather

el **sirviente** servant; **la sirvienta** waitress; servant

el **sistema** system

el **sitio** place, site, location; **sitio de interés** point (site) of interest

la **situación** situation

sobre on, about, concerning; upon; over; **sobre todo** especially

sobresaltado(a) startled

el, la **sobrino/a** nephew; niece

la **sociedad** society

la **sociología** sociology

el, la **sociólogo/a** sociologist

el **sofá** sofa, couch

el **sol** sun; **hacer sol** to be sunny; **tomar sol** to sunbathe

solamente only

el **soldado** soldier

la **soledad** solitude

soler (>ue) to be in the habit of; to usually (*do, etc.*)

el **solitario** solitaire

solo(a) alone; single

sólo only, just

soltar (>ue) to release, to let go of

soltero(a) single, unmarried

la **solución** solution

la **sombra** shade, shadow, darkness

el **sombrero** hat

sombrío(a) somber, gloomy; dark; shaded

sonar (>ue) to sound; to ring; to blow (*the nose*)

sonreír to smile

la **sonrisa** smile

soñador(a) dreamy, given to dreaming

soñar (>ue) con to dream of, about

la **sopa** soup
el **sopor** drowsiness
el, la **sordo/a** deaf person
sorprender to surprise
sorprendido(a) surprised;
se muestra sorprendido
he/she looks surprised
la **sorpresa** surprise
sospechar to suspect
su, sus his, her, its, their,
your (**Ud., Uds.**)
la **suavidad** gentleness,
smoothness
subir to climb, to go up;
subir a to get on;
subirse to climb up
suceder to happen
el, la **sucesor/a** successor
sucio(a) dirty
Sudamérica South
America
el **sueldo** salary
el **suelo** floor; ground
el **sueño** dream; **tener
sueño** to be sleepy
la **suerte** luck; **tener suerte**
to be lucky; **¡Qué suerte!**
What luck! How lucky!
el **suéter** sweater
suficiente enough,
sufficient
el **sufrimiento** suffering
sufrir to suffer
sumergido(a) submerged
superior higher
la **superstición** superstition
supersticioso(a)
superstitious
la **supervivencia** survival
supremo(a) supreme
**supuesto: por
supuesto** of course
el **sur** south; **al sur de**

south of; **la América del
Sur** South America
el **suroeste** southwest
suscribir to sign; to take
out a subscription
suspirar to sigh; **suspirar
por** to long for
el **suspiro** sigh
el **susto** fright
el **susurro** murmur, whisper
suyo(a) his, hers, yours,
theirs; of his, hers,
yours, theirs

el **tablero** chessboard
tal such (a); **¿Qué tal?**
How are you? How are
things going?; **tal vez**
perhaps; **con tal de que**
provided that
taladrar to drill
el **talón** heel
tambalearse to stagger
también also, too
el **tambor** drum
tampoco neither, (not)
either
tan so; such; **tan... como**
as . . . as; **tan pronto
como** as soon as
el **tanque** tank
tanto(a) so much; as
much; (*pl.*) so many, as
many; **por lo tanto**
therefore; **no es para
tanto** it's not that
important; **tanto como**
as much as, as well as;
(*pl.*) as many as;
tanto(s)... como as much

(many) . . . as; both . . .
and
la **tardanza** delay
tarde (*adv.*) late; **más
tarde** later; **tardísimo**
very late
la **tarde** afternoon; **Buenas
tardes.** Good afternoon.
Good evening; **de la
tarde** P.M. (*afternoon or
early evening*); **por la
tarde** in the afternoon
la **tarjeta** card; **tarjeta
postal** postcard
tartamudear to stammer
la **taza** cup
te (*obj. pron.*) (to, for,
from) you, yourself (*fam. sing.*)
el **té** tea
el **teatro** theater; **la obra de
teatro** play
la **tecnología** technology
el **techo** roof
tejer to weave, to knit
el **tejido** knitting
la **tela** cloth
el **teléfono** telephone;
hablar por teléfono to
talk on the phone;
llamar por teléfono to
phone
la **televisión** television; **por
(en la) televisión** on
television
el **televisor** television set
el **telón** curtain
el **tema** subject, theme
temblar (>**ie**) to shake
el **temblor** tremor; shudder
temer to fear
el **temor** fear
la **temperatura** temperature
templar (>**ie**) to tune;

templar un arco to
prepare a bow
el **templo** temple
temporalmente
temporarily
temprano early; **mañana
temprano** early
tomorrow morning
tenéis (*second-person plural
form of* **tener**)
tener (>**g, ie**) to have;
¿Qué tiene... ? What's
wrong with . . . ?;
tener... años to be . . .
years old; **tener calor** to
be (feel) hot; **tener una
cita** to have a date;
tener cuidado (con) to
be careful (of, about);
**tener un dolor de
cabeza (de estómago)** to
have a headache
(stomachache); **tener
fiebre** to have a fever;
tener frío to be (feel)
cold; **tener ganas de** to
feel like, to want to;
tener hambre to be
hungry; **tener miedo** to
be afraid; **tener la
oportunidad de** to have
the opportunity to; **tener
prisa** to be in a hurry;
tener que to have to,
must; **tener razón** to be
right; **tener sed** to be
thirsty; **tener sueño** to
be sleepy
la **tensión** tension
la **teoría** theory
tercer, tercero third
la **terminación** end,
termination

terminar to end, to finish
el **territorio** territory
el, la **testarudo/a** stubborn, obstinate
el **texto** text
ti (*obj. of prep.*) you, yourself
la **tía** aunt
tibio(a) lukewarm
el **tiempo** time; weather; **al mismo tiempo** at the same time; **a tiempo** on time; **con el tiempo** in time, eventually; **hace buen tiempo** it's nice weather; **mucho tiempo** a long time; **perder el tiempo** to waste (one's) time; **¿(Por) cuánto tiempo?** How long?; **¿Qué tiempo hace?** How's the weather?
la **tienda** store, shop
la **tierra** earth, land; **Madre-Tierra** Mother Earth (*Indian deity*)
tímido(a) timid, shy, bashful
el **tío** uncle; (*pl.*) aunt(s) and uncle(s)
típico(a) typical; traditional
el **tipo** type, kind; guy
tiranizar to tyrannize
el, la **tirano/a** tyrant
tiritar to shiver
el **tiro** shot
el **tirón** tug, pull, jerk; **de un tirón** all at once
titubear to hesitate; **sin titubear** without hesitating
el **título** title
el **tobogán** slide
tocar to touch; to play

(*music or musical instrument*)
todavía still, yet; **todavía no** not yet
todo(a) all, entire, whole; complete; every; (*m. n.*) everything; **a (en, por) todas partes** everywhere; **de todas maneras** anyway, anyhow; **sobre todo** especially; **todo el mundo** everyone, the whole world; **todo lo demás** everything else; **con todo** nevertheless
todos(as) all, every; (*n.*) all, everyone; **todos los días** every day
Toledo city in central Spain, on the Tagus River
Tolosa city in northern Spain; **el arzobispado de Tolosa** the Archbishopric of Tolosa
tomar to take; to drink; to have (*a meal*); **Toma.** Take it.; **tomar sol** to sunbathe
el **tomate** tomato
el **tono** tone
la **tontería** nonsense
tonto(a) silly, foolish, idiotic
torcido(a) twisted
el **tormento** torture, anguish
el **toro** bull; **corrida de toros** bullfight; **toro bravo** fighting bull
la **torre** tower
la **torta** cake
tosco(a) crude, rough, coarse

toser to cough
totalmente totally
el, la **trabajador/a** worker;
(*adj.*) hard-working
trabajar to work
el **trabajo** work, job
la **tradición** tradition
tradicional (*adj.*)
traditional
traducir (>**zc**) to
translate
el, la **traductor/a** translator
traer to bring
el **tráfico** traffic
la **tragedia** tragedy
trágico(a) tragic
el **trago** drop, swig; **de un
trago** in one gulp
el **traje** suit
el **trance** moment, juncture;
trance grato a pleasing
moment
el **tranquilizante**
tranquilizer
tranquilo(a) quiet, silent,
calm
traquetear to rattle
trasladar to transfer
el **trastorno** disorder,
trouble
tratar to try; to treat;
tratar de to try to
travieso(a) mischievous
tremendo(a) terrible,
frightful; **no lo tomó tan
a la tremenda** he/she
did not seem too
surprised
el **tren** train; **en tren** by
train
la **tribu** tribe
Trípoli seaport on the
NW coast of Libya
triste (*adj.*) sad

la **tristeza** sadness
el **triunfo** triumph, victory
tropezar (>**ie**) to stumble
el **trópico** tropics
el **trueno** thunder
tu, tus your
tú (*subj. pron.*) you (*fam.
sing.*)
el **tul** tulle (*fine, veil-like
material*)
tuyo(a) your, of yours
la **tumba** grave, tomb
el, la **turista** tourist
turístico(a) tourist
el **turno** turn; **tocar el
turno** to be one's turn

u or (*replaces* **o** *before a
word beginning with* **o** *or*
ho)
último(a) last, latest, most
recent
el **umbral** threshold
único(a) unique; only one
la **unidad** unity
unido(a) united; **Los
Estados Unidos** United
States
la **unión** union
unir to unite
el **universo** universe
uno (un), una one; a, an;
lo uno on the one hand
unos, unas some, a few,
several; **unos** + *a
number* about + *a
number*
urbano(a) urban
urgente urgent, pressing
usar to use; **se usan** are
used

el **uso** use
usted (*abbr.* **Ud., Vd.**)
you (*formal*); (*pl.*)
ustedes (*abbr.* **Uds.,
Vds.**) you (*fam. and
formal*); **de usted
(ustedes)** your (of)
yours
útil (*adj.*) useful
utilizar use, utilize
la **uva** grape

las **vacaciones** vacation;
(estar) de vacaciones (to
be) on vacation; **ir de
vacaciones** to go on
vacation
vacilante (*adj.*) unsteady,
shaky
vacío(a) empty
el **vagón-tranvía** train-car
la **vaina** bother; thing; **es la
misma vaina** it's all the
same
valer (>**g**) to be worth;
más vale it is better; **no
vale más de** it is not
worth more than
el **valor** value, worth, merit
el **valle** valley
¡Vamos! Come on, now!
vanidoso(a) vain,
conceited
variado(a) varied, various
la **variedad** variety
varios(as) several
el **vaso** glass (*drinking*)
las **veces** *pl.* of **vez**
el, la **vecino/a** neighbor; (*adj.*)
neighboring
veinte twenty
veintidós twenty-two; **a**

las **veintidós** at 10 P.M.
la **vejiga** bladder; a package
made from a bladder
vencer (>**z**) to conquer;
to defeat; **darse por
vencido** to give up
el, la **vendedor/a** vendor,
salesperson
vender to sell
el **veneno** poison
venenoso(a) poisonous
la **venganza** revenge
vengarse to take revenge
venir (>**g, ie**) to come; **ir
y venir** coming and
going; **la semana que
viene** next week, this
coming week; **Ven acá.**
Come here.
la **ventana** window
ver to see; **A ver.** Let's
see.; **verse** to be seen;
Ya veremos. We'll see.
Veracruz seaport on the
east coast of Mexico
el **verano** summer
la **verdad** truth; **¿verdad?**
right? isn't that so?
really?
verdaderamente truly
verdadero(a) real, true
verde green
la **vergüenza** shame; **darle
vergüenza a alguien** to
make someone ashamed;
no tener vergüenza to
be shameless; **¡Qué falta
de vergüenza!** What
shamelessness!
el **verso** line of poetry
el **vestido** dress; **bien
vestido(a)** well-dressed
vestir (>**i**) to dress (as);

vestirse (de) to dress (as); to get dressed

la **vez** (*pl.* **veces**) time, occasion; **a la vez** at the same time, at a time; **a veces** at times; **alguna vez** ever, at some time, sometimes; **en vez de** instead of; **muchas veces** often; **otra vez** again, once more; **por primera vez** for the first time; **tal vez** perhaps; **por última vez** for the last time

viajar to travel

el **viaje** trip, journey; **¡Buen viaje!** Have a good trip!; **Feliz viaje** Have a nice trip; **hacer un viaje** to take a trip; **viaje de negocios** business trip

el, la **viajero/a** traveler

la **víbora** viper, snake

el **vicio** vice

la **victoria** victory

la **vida** life; **llevar una vida...** to lead a . . . life

la **vidriera** glass showcase

viejo(a) old; (*n.*) old person

el **viento** wind; **hacer viento** to be windy

viernes Friday

el **vino** wine

la **violencia** violence

violento(a) violent

violeta violet

el, la **violinista** violinist

la **visión** vision

la **visita** visit; **de visita** visiting

el, la **visitante** visitor

visitar to vist

la **vista** view; sight, gaze, eyes

la **vitamina** vitamin

el, la **viudo/a** widower; widow

los **víveres** supplies, provisions; **cortarle los víveres a alguien** to cut off someone's supplies

vivir to live; **¡Viva... !** Hooray for . . . ! Long live . . . !

vivo(a) alive, bright

el **vocabulario** vocabulary

volar (>ue) to fly

volver (>ue) to return, to go back, to come back; **volverse** to turn around; **volverse loco** to go crazy

vosotros, vosotras (*subj. pron.*) you (*fam. pl.*); (*obj. of prep.*) you, yourselves

votar to vote

la **voz** voice; **en voz alta** out loud, loudly; **alzar la voz** to raise one's voice

la **vuelta** walk, stroll; **dar un vuelta** to go for a walk around the town; **ida y vuelta** round trip

vuestro(a) your

vulgar common, vulgar; vernacular

y and

ya already; now; **ya no** no longer; **ya que** since; **Ya veremos.** We'll see.; **ya me cansa verla** I get

tired of seeing it; **ya
medio muerto** already
half dead

yendo (*pres. part. of* **ir**)
going

el **yeso** plaster

yo I

zafio(a) boorish

la **zanahoria** carrot

la **zapatilla** dancing shoe,
slipper

el **zapato** shoe

el **zoológico** zoo

zumbar to buzz

ACKNOWLEDGMENTS

"Hombre pequeñito" by Alfonsina Storni from *Antología de la poesía hispanoamericana* by Julio Caillet et Bois, 1965. Reprinted by permission of Aguilar, S. A. de Ediciones.

"Los ticunas pueblan la tierra" by Hugo Niño from *Primitivos relatos contados otra vez: héroes y mitos amazónicos*. Reprinted by permission of Carlos Valencia Editores.

"La United Fruit Co." by Pablo Neruda from *Selected Poems of Pablo Neruda* by Ben Belitt. Copyright © Fundación Pablo Neruda. Reprinted by permission of Agencia Literaria Carmen Balcells, S. A.

"Las estatuas" written by Enrique Anderson-Imbert. Reprinted with the permission of the author.

"Poema XX" by Pablo Neruda from *Antología de la poesía hispanoamericana* by Julio Caillet et Bois, 1965.

"Regresos" by Meira Delmar (Olga Chams Eljach) from *Reencuentro*, 1981. Reprinted with permission from Carlos Valencia Editores.

"Un día de estos" by Gabriel García Márquez from *Los funerales de la mamá grande*. Copyright © 1962 by Gabriel García Márquez. Reprinted by permission of Agencia Literaria Carmen Balcells, S. A.